学术论文写作课
（第3版）

学術論文の作法
論文の構成・文章の書き方・研究倫理

〔日〕近江幸治 / 著　吕斌　项佳航 / 译　解亘　江溯 / 审校

著作权合同登记号　图字：01-2024-4521
图书在版编目(CIP)数据

学术论文写作课：第3版／（日）近江幸治著；吕斌，项佳航译. --北京：北京大学出版社，2024.8.
ISBN 978-7-301-35182-6

Ⅰ．H152.3

中国国家版本馆 CIP 数据核字第 202467QL91 号

Gakujutsu Ronbun no Sakuho—Ronbun no Kousei・Bunsho no Kakikata・Kenkyu Rinri—
By Koji Ohmi
Copyright © 2022 Koji Ohmi
Original Japanese language edition published by SEIBUNDO PUBLISHING, CO., LTD / 9784792327767
Simplified Chinese translation copyright © Peking University Press, 2024
All Rights Reserved

书　　　名	学术论文写作课（第3版） XUESHU LUNWEN XIEZUOKE（DI-SAN BAN）
著作责任者	〔日〕近江幸治　著　吕　斌　项佳航　译 解　亘　江　溯　审校
责 任 编 辑	潘菁琪　方尔埼
标 准 书 号	ISBN 978-7-301-35182-6
出 版 发 行	北京大学出版社
地　　　址	北京市海淀区成府路 205 号　100871
网　　　址	http://www.pup.cn　http://www.yandayuanzhao.com
电 子 邮 箱	编辑部 yandayuanzhao@pup.cn　总编室 zpup@pup.cn
新 浪 微 博	@北京大学出版社　@北大出版社燕大元照法律图书
电　　　话	邮购部 010-62752015　发行部 010-62750672 编辑部 010-62117788
印 刷 者	大厂回族自治县彩虹印刷有限公司
经 销 者	新华书店 880 毫米×1230 毫米　A5　9.75 印张　209 千字 2024 年 8 月第 1 版　2024 年 8 月第 1 次印刷
定　　　价	49.00 元

未经许可，不得以任何方式复制或抄袭本书之部分或全部内容。
版权所有，侵权必究
举报电话：010-62752024　电子邮箱：fd@pup.cn
图书如有印装质量问题，请与出版部联系，电话：010-62756370

中译本序

陈兴良[*]

日本学者近江幸治教授的《学术论文写作课》(第3版)的中译本即将在北京大学出版社出版发行,译者希望我为该书中译本写序推荐,我十分高兴为之作序。

该书书名似乎是论述一般的学术论文的写作,然而本书作者近江幸治系日本早稻田大学法学院教授,因而该书内容更加适合推荐给法科学生阅读。该书书名中的"学术论文"可能是容易引起争议,在论文前面加上"学术"的限定词,是想将其与其他论文区分开来。近江幸治教授在该书中对学术论文下了一个定义:"学术论文"是学者的研究成果(无论是自发的还是受托的题目),并且是自由表达的个人见解。由此可见,这里的学术论文不同于其他论文的特征在于"学术性"。也就是说,学术论文是作者的学术研究成果的载体。这个意义上的学术论文,当然具有高大上的形象。同时,近江幸治教授还提到了学位论文的概念,认为学位论文是一种特殊的学术论文。近江幸治教授指出,学位论文

---

[*] 北京大学博雅讲席教授、博士生导师。

之所以能称为"特殊",是因为撰写论文的目的在于获得"学位"(硕士学位、博士学位)。而且,只有通过"严格审查"才能被授予学位,因此,作者不能自由随意地写作。从论文的准备到完成,也需要相当长的时间,不是简单地就能写出来的。因此,当然就要求有一定的"论文写作方法"。应该说,该书的主要读者对象是学生,尤其是攻读硕士学位、博士学位的学生,因而该书与其说是对学术论文的写作方法的论述,不如说是对学位论文写作方法的叙说。由于该书作者所具有的法学教授的身份,因此该书特别适合攻读法学硕士学位和法学博士学位的学生阅读,可以说,该书是一本法科学位论文写作方法的教科书,值得法科学生阅读参考。

学位论文是获得学位的主要根据,即使没有经历全日制的在校学习,若要获得学位,也需要提交论文,这就是所谓论文博士。更不用说全日制学习的学生,主要就是以学位论文写作为目标的。对于学生来说,一个人只有一次学位论文的写作机会,因此很难累积学位论文的写作经验。但对于专门指导学位论文写作的导师来说,出于培养学生的目的,在指导学位论文写作的过程中,也就对学位论文的写作能够获取较为丰富的经验。该书作者近江幸治教授曾长期在日本早稻田大学担任研究生院法学研究科科长一职,因而在审查众多硕士学位论文和博士学位论文的经验中,积累了学位论文的指导方法。该书可以说是经验之谈,其参考价值不言而喻。该书对于学位论文写作的指导是十分细致而微观的,大到研究伦理,小到资料收集,可谓面面俱到,对于正在或者将要开始学位论文写作的学生来说,具有操作手册之功效,这是值得肯定的。

下面,结合我本人写作学位论文和指导学生写作学位论文的经历,对近江幸治教授在该书中论及的学位论文写作的以下三个环节略谈个人心得。

一、选题

学位论文选题十分重要,因此,选题的确定是学位论文写作的起手式。在该书中,近江幸治教授将学术兴趣与研究推荐作为确定选题的两个要素,我认为这是经验之谈。学位论文的选题不应该是导师强加给学生的,而应该是学生在学习过程中关注并具有学术兴趣的问题。因此,选题不是学习的起点,而是知识积累到一定程度的自然而然的结果。对于法科学生来说,亦如此。法科属于文科的范畴,其学习方法与理科迥然有异。如果说,理科是以实验室为学习的主要场所,以科学实验为学习的主要途径;那么,文科则是以图书馆为学习的主要场所,以读书为学习的主要方法。因此,学位论文的选题也是在读书过程中形成的,不读书根本就不会产生学术兴趣,也就难以捕捉到学位论文的选题。对于理科学生来说,好奇是科研的动力;而对于文科学生来说,兴趣是学术的媒介。然而,兴趣本身不是天生的,而是在读书的过程中悄然而生的,并且对学位论文的写作起到催化作用。

谈到学位论文的选题,还存在一个选题的大小和新旧的选择。所谓学位论文选题的大小,是指所选择的学位论文选题研究的范围较大还是较小。大的选题会产生大题小做的效应,因而要尽量避免。只有小的选题才能做到小题大做,因而符合学位论文的要求。当然,这里的选题大与小,也是相对的,并且与某个时期的研究状况形成一种照应关系。例如,我在四十年前将共同犯罪作为博士学位论文的选题,这在现在是完全不可想象的。共同犯罪是刑法教科书的一级标题，其选题大到不能再大了。当时之所以可以将一级标题作为博士学位论文选题，是因为那个时候我国刑法研究还刚刚起步，学术水平还很低，对于共同犯罪还停留在简单地注释法条的阶段。在这种情况下，对共同犯罪进行整体性的理论研究能够为此后共犯教义学的形成创造条件。因此，在当时，共同犯罪并不是一个不能作为博士学位论文题目的选题。及至今日，我国对共同犯罪的研究已经积累了大量的学术成果，初步建构了具有中国特色的共犯教义学理论体系，对共同犯罪的研究也已经深入四级、甚至五级标题，在这种学术状态下，共同犯罪的选题也就越来越小，例如共犯从属性、教唆未遂等都可以当作博士学位论文的题目。当然，选题虽小，但学术格局不能随之而小，应当做到以小见大，这是对写作者的更高要求。至于选题的新与旧，是指某个选题的研究程度：已经研究得较为成熟的选题是旧的选题，而刚开始研究资料极为缺乏的选题是新的选题。由于旧的选题已经具有一定的学术积累，资料较多，因此为论文写作创造了条件。当然，其难度在于要超越现有的研究成果。至于新的选题则可供借鉴的资料较少，因而论文写作的难度较大。当然，新的选题具有填补空白的性质，如果成功则其学术贡献较大。可以说，新与旧这两类选题各有难易之处，在选择的时候还是要根据各人的处境。

　　另外还有一个问题，就是在确定选题的时候，如何与导师进行沟通。对此，近江幸治教授在该书中专门作了论述，指出，在确定学位论文选题的时候，"第一要务是和指导教授商量决定。在各研究生院中，指导教授的'论文指导'（研究指导）是必设科目，所以一定要和指导教授商量，坦率地陈述自己的意见，并得到正确的指导。因为指导教授的'指导',也是教授的义务"。此言甚佳。由于学位论文的作者是学生,因而学生自己对选题要上心。但同时也还要听取指导老师的意见。当学生和老师对学位论文的题目存在争议的时候,要尽量说服对方,当然老师的意见更为重要,尤其是指导老师的否定性意见。

二、资料的收集与使用

无论是硕士学位论文还是博士学位论文都具有相当的篇幅,而且学位论文的写作不像创作小说等文学作品,每句话都是作者自己的意思表达。文科的学位论文属于社会科学的范畴,具有学术创作的性质。而学术活动不是自说自话,是所谓接着说,也就是在前人研究成果的基础上继续展开学术话语的叙述。在自己说与他人说之间,需要进行融洽的衔接与完美的延展。在这种情况下,收集前人对某个题目的现有研究成果,在此基础上进行深化,就成为学位论文写作的必由之路。在收集资料的时候,要学会采用综述的方法,将各个时期、各个面向的资料进行系统梳理,以便在论文写作中使用。综述可以使得本来零散的、孤立的资料形成一个整体,它既为学位论文的写作提供了资源,同时也为学术创新提供了基础,因而学术资料的综述不仅是一种资料的处理方法,它本身就是学位论文写作的重要环节。

在收集资料的基础上,还存在一个资料的使用问题。资料使用其实可以分为两种形式:第一种是无形使用,第二种是有形使用。无形使用是指在阅读资料和整理资料的过程中,吸收资料中的学术思想,对学位论文的写作具有重要启迪。有形使用是指将资料在学位论文中进行引用,使之成为学位论文的有机组成部分。在此我想重点讨论资料的引用,这是论文写作的极为重要的方法。资料如果引用得不好,就会导致资料堆砌,杂乱无章,丧失自我,这是写作之大忌。资料如果引用得好,就会将资料铺陈为学位论文的有机内容,使得他人资料转化为自己论文的铺垫,由此形成六经注我的效果。

值得注意的是,近江幸治教授在写作伦理的题目下,对引用问题作了论述,这说明引用不仅是一个写作技术问题,同时也是一个写作伦理问题。近江幸治教授提出了引用义务和引用限制两个原理,对于在学位论文中正确引用资料具有重要启迪。近江幸治教授指出:"如果后继作者涉及的主题或研究内容与前人相似,则必须'引用'前人的学术成果(引用义务)。这种'引用义务'是从 priority 原则中自然衍生出来的一项基本原则。"也就是,在学术研究中,后来的学者具有某种引用义务,这既是对前人的学术研究成果的尊重,也是学术研究必不可少的组成部分。正如我在前面指出,学术研究具有接着说的特征,也就是近江幸治教授所说的社会科学领域的学术工作所具有的"逐步累积"的特征,这就决定了引用的不可或缺性质,这就是引用义务的来由。当然,引用应当受到限制。近江幸治指出:"应该允许'引用'他人的作品为自己的学说提供理论依据,因为这是学术发展所必需的方法,但必须遵循一定的程序才能这样做。这就是对'引用'的限制。"引用应当限制在正当的范围之内,避免过度引用。

三、论证与叙述

论证与叙述是学位论文的写作方法,因而对于学位论文的写作水平具有重要意义。学位论文作为学术论文的一种,应当遵循论文的写作规律。以往对学术论文写作存在一个认识的误区,也就是强调学术论文的论证属性,而轻忽学术论文的叙述属性。所谓学术论文的论证属性,是指在论文写作中重视论文的论证性。论证是学术论文的基本属性,它主要围绕论题进行逻辑推理。例如在该书中,近江幸治教授认为从假说到论证是学位论文的精髓,由此而论及学位论文中的假说的设定和假说的论证,这正是学位论文之论证性的充分体现。然而,学术论文,包括学位论文不仅具有论证性,而且还具有叙述性。如果说论证性是学位论文之"经",那么,叙述性就是学位论文之"纬",两者缺一不可。在某种意义上甚至可以说,叙述较之论证还要重要。因为一篇学术论文是要靠叙述的线索来支撑的,叙述犹如论文的骨架,而论证则是论文的血肉。例如学术论文通常都具有论题的历史沿革部分,这是基于历史资料而对主题的叙述,如果没有强大的叙述能力是难以完美地呈现某个论题的历史演变过程的。又如,叙述对于连接各个论证内容具有穿针引线的功能,它将论证连接成为一个整体。由此可见,叙述对于学位论文的写作具有十分重要的作用,我们应当重视叙述方法在学位论文写作中的功能发挥。

该本书中,近江幸治教授描述了学位论文的"起·承·转·结"的逻辑构造,指出,从小学开始,我们就被教授了文章写作的技巧:"起、承、转、结"。这是律诗的绝句作法,也即①首先,作为故事的统帅,提起某件事情(起句);②其次,说明关于那件事情的属性等(承句);③再次,把话题的脉络转向无关之事(转句);④最后,对起句所确立之事,依循转句收束(结句)。这里的"起、承、转、结"本身就是一个文章向前推进的过程,它呈现了论文在时间线索中的逐渐展开,这种展开过程是以叙述为基本线索的,因而它是学位论文的基本逻辑。

唐代诗人杜甫在《偶题》一诗中,写下了脍炙人口的两句诗:"文章千古事,得失寸心知。"因此,文章之道,唯在于己。从这个意义上说,如何进行学术论文写作似乎根本就是不可言说的,只有各人在写作中自己去体悟。尽管如此,近江幸治教授在该书中所传授的学术论文的写作方法还是具有阅读价值的,毕竟"他山之石,可以攻玉"。

是为序。

谨识于北京海淀锦秋知春寓所

2024 年 6 月 24 日

中文版序

本书是我的日文版著作『学術論文の作法—論文の構成・文章の書き方・研究倫理—〔第 3 版〕』(成文堂)的中译本。正如"第 3 版序言"中所言,出版这本书的初衷是,基于多年审阅硕士学位论文和博士学位论文的经验,希望能够向后进的研究者们传授"文章表达的技巧"。对此,相信需要指导学生的教授们,也常常会感到头疼。

本书想要着重强调以下两个方面:第一,为完成论文所使用的表达技巧需要遵循一定的规则和方法。现在的年轻一辈受到计算机和智能手机的影响,更倾向于图像或视频的交流方式,从而疏离了文字表达。但是,作为研究人员,我们不能忘记"文章"是表达的基础。而唯有掌握了文章表达的基本规则和技巧,对于学术论文的撰写才能执简驭繁。

第二,通过文章进行表达,即撰写"论文",是一种创造性的劳动,并凝结着作者宝贵的智力财富。因此,在写作过程中必须秉持"尊重创造者及其创造物"的"伦理原则"。这便是所谓"研究伦理"。违背了研究伦理的论文,将毫无价值。

最后，能够出版拙著的中译版，端赖于清华大学法学院的吕斌和北京大学法学院的项佳航的精心翻译。

本书以"文章表达"为出发点，便自然也会触及人的心理和情感。加之日语特有的表达方式，因此，要将这本书翻译成另一种语言（中文）是一项困难至极的工作。值得庆幸的是，两位满怀学习热忱的青年学人孜孜以求、耐心钻研，最终圆满地完成了这项困难的翻译工作。我由衷钦佩他们卓越的翻译才华，并感谢他们为此所付出的不懈努力。

2023 年 12 月 8 日
早稻田大学名誉教授、法学博士
近江幸治

第3版序言

本书初版付梓于2011年,距本次修订已近10年。出版的动机,一如初版"序言"中所写,至今未有改变。

老实说来,《……的创作手法》*这一标题结构,直接受到了高中时期所接触到的丹羽文雄《小说的创作手法》(角川书店,1965年)的影响,同时也多少受到了伊藤整的《修订小说入门》(光文社,1956年)和岩渊悦太郎编著的《拙劣之文》(日本评论社,1960年)等作品的陶染。那时我便常常想,总有一天我也会写出这样的参考书。这一想法,在获得研究职位40多年后,终得以实现。

自2000年起的4年里,我受命担任大学研究生院法学研究科科长一职,机缘便如此悄然而至。其时,临职察事不得不顾全大局,故于审查众多硕士学位论文和博士学位论文的经验中,回首审视针对研究生和本科生的指导方法,体认到了诸多可提供给晚

---

* 本书的日文标题为『学術論文の作法—論文の構成・文章の書き方・研究倫理—』,直译便是《学术论文的创作手法—论文构成・文章写法・研究伦理—》。——译者注

辈后生的建议。因此，便想对作为学问与学习之前提的必要"技法"作最低限度的总结。从此意义上讲，本书不过是把许多指导过学生的教师的所思所想，付诸笔端而已。

不过，稍有不慎，这样的"指导书"就容易变成无视经验法则的"居高临下"，而不免有"强人所难"之感。不过，好在本书并非什么高谈阔论，只是列举了些浅显的例子，来解说关于写作和文字表达的若干法度。这也是我忝列相关拙文的原因。此外，本书中的〔例〕，皆是基于实例，而非凭空捏造。

* * *

在本次修订中，特别针对第二编"文章的写法"和第四编"研究规准与'研究伦理'"进行了全面修改，对第五编中文献的引用方法和缩略语表作了简单易懂的替换，将第六编中有重要修改的法律、法规更至最新等。特别是关于"文章的写法"，根据日语语法对之进行了系统整理。

顺带一提的是，就本书的写作笔法而言，在"论文""文章"和"研究伦理"部分，是以"废话""拙劣之文"以及"违反伦理事例"为例的，还作了分别列举。这是因为，正如我在"第2版序言"中所述，写作方法和文章表达方式因作者的价值观而异，因此，没有"唯一正确"的定式；至于文章的表达方式也没有"必须如此写"的法度。因此，若还想有所指导的话，唯有以"废话""拙劣之文""违反伦理事例"作为反面教材，并指出"不能这样做"（前述岩渊悦太郎所编著的《拙劣之文》就是从这样的角度写的一本指导书）。

此外，本书还列举了许多关于研究伦理的〔例〕，这些例子能使人知道，它们是如何发生在你身边的。以研究为志业的人，必须在充分熟悉并注意这些规则的情况下，方能走上研究之路。

***

最后，要向成文堂出版社中欣然接受本书出版的阿部成一社长，以及不惜时间精心校对的编辑部小林等人，表示衷心的感谢。

2021年10月17日
早稻田大学名誉教授
近江幸治

第 2 版序言

自第 1 版付梓,距今已逾 4 年,但由于像本书一般的"专业知识外的""参考书",尤其是在法律系、社会科学系等领域,仍不多见,故而想来本书是有意义的。同时也因被寄予厚望,故决定对其进行大幅度的修订。

修订的第一个宗旨在于,对"文章的表达技巧"做出具体指示。所谓"文章",就是将心中所想排布成文。这种表达,形式多样,不可能有所谓"唯一、绝对的表达"。即便是通过文章的形式,"表达"也是表达者通过思考,将其个性以及经验、知识等具象化的行为。因此,即使是表达同一件事情,也因表达人而异,有无数种表达方式。也就不存在"正确的表达方式"这一说法了。在考试和论文指导中,可以给出"标准"答案,但不能给出"正确"答案,原因便在于此。

在这种情况下,吾人所能做的就是列举一些作为"标准"或"正确"答案之反面的〔例〕,这些例子是"不正确的"或"希望避免的",并且可归属于"拙劣之文"。这恐怕是针对文章写作的唯一指导方法。而列举许多这样的例子,便也是一种写作文章的技巧。本书一以贯之地以此方法展开。

第二个宗旨,乃关乎"研究伦理"。在这一方面,要想让大家严格遵守,与其抽象地说"那个不行,这个不行",不如通过举出具体的例子。剽窃已成一大社会问题,在大学的报告、定期测验等中,每每皆有违规而被处分者,此乃实情。故望研究者与学生认识到简单引用确属严重的犯罪行为,因此不如在礼敬先贤的同时,投身创造。尤其是"研究伦理"乃以尊重人的创造价值为基底。

另外,本书主要以大学生、研究生为受众,并立足于其研究论文是在指导教授的指导下完成的这一认识。因此,与指导教授之间的信赖关系是不可或缺的。而反过来,这也就触及了颇受关注的指导教授的"指导伦理"问题。

第三个宗旨,是想重新谈谈近来日趋重要的"研究论文"(research paper)。研究论文无论是在质上还是量上都不同于硕士学位论文,也非单纯的报告(report)。因此,将以当下在各大学及研究生院中对其理解的程度为前提,对"研究论文"的应有样态(定位)及其写作方法加以考察。

总而言之,尽可能举一些浅显的具体事例,并在遵循经验的基础上从现代的视角进行说明。

在第 2 版的出版过程中,同样得到了成文堂出版社社长阿部成一、编辑部长饭村晃弘以及编辑部松田智香子女士的诸多照顾。在此,由衷地感谢。

2016 年 5 月 8 日
早稻田大学法学学术院教授
近江幸治

序　言

迄今为止,在日本的大学和研究生院中,并未就"论文"写作的"方法"开展充分的教育。多数情况下,表现为指导教授的学徒式指导或学生的自主钻研。因此,不仅对学生,甚至对一般人来说,"撰写论文"都是遥不可及的。

同时,从设置研究生院制度的目的来看,文科,特别是"法律专业",学生取得博士学位的年龄偏高,因此,"在文科研究生院很难取得博士学位"这一现象,与教育和研究方式一起受到批评。这背后,大概有如下几个原因:

第一,最主要的原因是,没有学位也能取得大学教职。而且,教师的身份也基本上在经过一定年限后,按照助手→专职讲师→准教授(副教授)→教授的顺序,自动晋升。况且,即使有学位,工资也不会因此提高。可以说,这从反面消除了撰写学位论文的必要性。

第二,除了上述情况,学位论文的"特殊性"也是其原因之一。学位论文的选题需要具有"创造性",并且必须采取论证该创造性"假说"的论文结构。从这个意义上说,这是一种"特殊"的论文。

可是，创造性见解不是那么容易就能得到的，需要有经受过相当之学术磨炼的视角和长期的研究。然而，由于一开始工作就得忙于杂事，与上述第一个原因相叠加后，这样的研究被搁置一旁了。这也是不争的事实。总而言之，在我国*，从学者的整体数量来看，未取得学位者占压倒性的多数。

为"不授予博士学位"而操心的文部省和文部科学省，以"课程"中接受一定的研究指导来获得学位的"课程博士学位"为原则（而以"非课程论文博士"为例外），以法学为例，采取了"法学博士"→"法学博士（〇〇大学）"→"博士"（法学）（〇〇大学）等各种各样的一般化政策。当然，在这背后不容忽视的，是来自欧美的影响和亚洲各国的动向。在欧美大学中，只要1—2年就能轻松地获得博士学位。因此，现状是，亚洲各国的留学生，纷纷离开即使留学也无法获得学位的日本，转而去欧美寻求留学目的地。较之于日本，韩国和中国的学生面临的问题更加严峻，要想成为大学教师就必须取得大学博士学位。

然而，时代总在不停变化。在所有领域都在专业化的今天，要成为该领域的精英，就需要接受其特殊的专业课程教育。而通过了这种专业课程教育的人，当然会被授予"学位"，以兹证明。现代的研究生院必须开展这种"专业教育"的研究课程教育。因此，修完硕士课程的人可以获得"硕士学位"，修完博士课程的人可以获得"博士学位"，也是自然而然的结果。

简而言之，就这样一种设想：学位是针对"课程"而授予的，而

---

* 本书内的"我国"、司法机关、法规等，如无特别说明，均指日本以及日本的司法机关和法规。——译者注

不是针对"论文"的(《学校教育法》第104条第1款,《文部科学省令学位规则》第3条、第4条第1款)。不过,并非要取消硕士学位论文和博士学位论文,至于如何处理则授权由各高校具体操作。据此,各大学研究生院一如既往地将硕士学位论文、博士学位论文作为完成其课程的重要要件。此外,前述学位规则也以硕士和博士学位论文的审查作为取得学位的前提(第5条)。

早稻田大学法学研究科就引领了这样的时代潮流,从2007年开始,废除了博士后期课程入学考试,采用了"硕士、博士连贯体系",并且,将这段时间定位为"课程作业"(coursework)教育课程,构筑了可以通过采取适时的步骤取得"博士学位"的体系。从2008财政年度开始,在文部科学省"研究生教育改革促进计划"的3年支持下,这一教育体系得到了进一步的发展(其成果结集出版为早稻田大学法学研究生院所编之《法科大学院时代研究生院的教育改革与发展》,日本评论社2011年版)。窃以为早稻田大学的模式作为今后的研究生院的一种应有状态影响已波及其他大学。

在这样的研究生院教育改革(学位授予的推进)中,有一件事必须"注意"和"反省"。这里讲的"注意",是指"学位"。如上所述,学位确实是针对"课程"而授予的,但"论文"仍然是完成该课程的重要要件。硕士课程、博士课程是"研究课程",所以将"论文"作为其研究结业的成果,并不是过重的要求。在这一点上,与专门研究生院和海外大学(特别是留学生)所要求的"研究论文"相比,写作的意义是不同的。

而"反省"其实是说,在研究生教育改革中,我们确实明确了学位授予的程序,但作为教育研究核心(成果)的"学位论文"的

"写作方法",我们仍然把它交给了指导教授。换言之,只是喊了句"加油!"但并没有涉及论文写作方法。

于是,基于这样的"反省",得益于研究生院法学研究科科长的身份[2008年至今;1996年至2000年是研究生院教务委员(现任教务主任)]*,我接触了许多硕士学位论文和博士学位论文"或好或坏"的例子。从某种意义上说,作为"职责",决定阐释学位论文的写作方法。这便是写作本书的动机所在。

学位论文与一般论文不同,因为要求以具有"创造性"的"假设论证"为逻辑展开的框架,所以是一种"特殊"的论文。但是,如果怀着一颗研究的心选取题目,且在研究期间内有计划地遵循一定的步骤——选定题目、确定假设、论证假设、在此过程中收集资料等,那么写作就绝非难事。本书虽然展示了这样的步骤和技巧,但强调大道理和高深的理念等并不是有效的做法,所以有必要更进一步,根据具体的方法和标准、具体的事例、自己的经验等说明论文写作过程的步骤和各阶段的必要事项。因此,也有颇多是"个人手笔"的地方。另外,在制度方面以早稻田大学模式为中心,在其他大学的研究生院中,由于其课程同样是硕士课程2年、博士后期课程3年,因此关于"什么时候应该做什么"也没有太大差异,作为同样的工作可以加以参考。

在本书最后,还涉及小论文、研究论文和答案的写法。这些"写法"因为只是一种技术,而不是一种学术事务,所以一直被置于教育的门墙之外。这导致相关的指导在大学、研究生院中几乎

---

* 本序言的写作时间为2011年,即文中的"至今""现任"所指涉的时间点。——译者注

没有得到实施。但是,在现实中,这却是学生最需要的学习诀窍。因为写法的高低,会左右对自己能力的评价。

从另一个角度来看,执教者是为了看看该科目的教育效果而安排"考试"的。在这种情况下,对于自己给出的"试题"(考试),就"回答"(答案)的方法提出一定的指导,也是该教育(授课)的内容之一。既然如此,就不能轻视这样的技术。教师应该能接触不少"或好或坏的答案",那么就应该活用这些经验来进行指导。

最后,向铃木宏隆课长、吉田昭仁主任、宫下伸一先生,以及法学学术院的嶋根裕子女士表达热忱的谢意,他们作为法学研究科的工作人员,从接待研究生的咨询开始,一直操劳着从学位论文的申请受理到授予等繁杂的事务。另外,我要向欣然应允本书出版的成文堂出版社阿部成一社长、细心校对本书的土子三男董事、石川真贵先生表示由衷的感谢。

2011 年 9 月 25 日
早稻田大学研究生院法学研究科科长
近江幸治

目 录

第一编　学术论文与学位论文

I 学术论文与学位论文的特殊性 ………………… 003
　1 什么是"学术论文" ……………………………… 003
　　(1) 学问·艺术中的"创造性价值" ……………… 003
　　(2) 特殊的学术论文："学位论文"——"学位的获得"
　　　　和"创造性" …………………………………… 004
　2 硕士学位论文 …………………………………… 007
　　(1) 硕士学位的获得和硕士论文 ………………… 007
　　(2) 作为判断研究人员之"资质"的材料 ………… 008
　3 博士学位论文 …………………………………… 009
　　(1) 博士学位的获得与博士论文 ………………… 009
　　(2) 博士论文的水准 ……………………………… 009
　　(3) "课程博士"论文的运用 ……………………… 011

（4）"非课程博士"论文的运用 …………………… 012
  4 关于研究论文（research paper） ………………… 013
    （1）什么是研究论文 ………………………………… 013
    （2）研究论文与硕士论文（学术论文）的区别 ………… 015
    （3）撰写研究论文的注意事项 ……………………… 019

Ⅱ 从选题的确定到"假说"的设定和论证
    ——学术论文的精髓 ……………………………… 020
  1 决定"选题"的过程 ………………………………… 020
    （1）对哪个领域的什么问题感兴趣呢？ …………… 020
    （2）与指导教授沟通讨论 …………………………… 021
    （3）重视观点的独创性 ……………………………… 022
    （4）构思不佳的论文 ………………………………… 023
  2 "假说"的发现和确信——从选题到假设的酝酿 …… 024
    （1）"假说"是什么？ ………………………………… 024
    （2）对假说的确信！ ………………………………… 025
  3 "假说的论证"过程 ………………………………… 026
    （1）论证假说的方法 ………………………………… 026
    （2）以拙著为例 ……………………………………… 026
    （3）"假说"→"论证"过程（学术论文的精髓！） ……… 030

Ⅲ 逻辑展开与以文服人——论证假说的技术 ……… 031
  1 "起·承·转·结"的逻辑构成是什么？ …………… 031
    （1）什么是"起·承·转·结"？ ……………………… 031
    （2）新闻类文章的表现形式 ………………………… 032

（3）不适合于学术性逻辑的展开！ …………………… 034
　2　学术论文所必要的逻辑构成 ……………………………… 035
　　（1）"假说"的设定 …………………………………… 035
　　（2）假说的"论证" …………………………………… 036
　　（3）"归结"（表明这是独到的观点） ………………… 037
　3　以文服人 ………………………………………………… 037
　　（1）保证文章"简洁明了且通俗易懂"！ …………… 038
　　（2）保证文章表达的客观性！ ……………………… 039
　4　标题的命名方法 ………………………………………… 040

Ⅳ　"研究计划"与资料收集·数据管理 ………………………… 042
　1　"研究计划"的制定方法 ………………………………… 042
　　（1）研究具有"时间限制" …………………………… 042
　　（2）研究生院制度中的限制 ………………………… 043
　2　资料的收集 ……………………………………………… 045
　　（1）通常需要预先收集所有的资料 ………………… 045
　　（2）通过网络收集 …………………………………… 048
　　（3）养成记录"灵感"的习惯！ ……………………… 048
　3　数据的管理 ……………………………………………… 049
　　（1）数据管理的重要性 ……………………………… 049
　　（2）文献卡片、研究笔记的利用？ …………………… 050
　　（3）用电脑来管理 …………………………………… 051
　　（4）以电子文件的形式存储 ………………………… 053
　4　"检索"——检索资料是至关重要的！ ………………… 054

第二编　文章的写法——文章表达的技巧

1. 文章表达手法的多样性与修辞法(Rhetoric) ………… 059
   (1) 文章表达手法的多样性 …………………………… 059
   (2) 修辞的必要性 ……………………………………… 060
2. 文章的风格 …………………………………………… 060
   (1) 养成把句子缩短的习惯！ ………………………… 060
   (2) 中止法 ……………………………………………… 063
   (3) 与人文类文章的区别 ……………………………… 064
3. 为了逻辑的展开 ……………………………………… 065
   (1) 分段 ………………………………………………… 065
   (2) 标注序号 …………………………………………… 066
4. 遵循"语法" …………………………………………… 066
   (1) 因主语不明而表达不清 …………………………… 067
   (2) 语法混乱 …………………………………………… 068
   (3) 由于忽视语法而令人无法理解的文章 …………… 070
   (4) 系属关系不明 ……………………………………… 070
5. 主语·谓语的关系 …………………………………… 072
   (1) 承接主语的助词"は"和"が" …………………… 072
   (2) 主语的兼用 ………………………………………… 074
   (3) 把想强调的词放在句首 …………………………… 075
   (4) 条文中主语的省略 ………………………………… 080
   (5) 避免语句重复(重复表达) ………………………… 080

（6）句末助动词"である。"和"だ。" ……………… 082

6　修饰语关系 ……………………………………… 083
（1）形容词放在所修饰名词之前 ………………… 083
（2）"一个名词对应一个形容词"原则 …………… 085
（3）副词或副词句 ………………………………… 086

7　逗点"、"的标法 ………………………………… 088
（1）"为了便于阅读"和"为了厘清句子结构" …… 088
（2）在主语后面标注逗点"、" …………………… 089
（3）新闻类文章中特殊的标法 …………………… 091
（4）逗点标法的错误！ …………………………… 093
（5）缺少逗点（不标注就会产生其他含义）……… 095
（6）副词（副词句）或接续词后标注逗点"、" …… 096
（7）逗点对于作者来说是换气点 ………………… 097
（8）中国的句读标法 ……………………………… 098

8　接续词和接续助词 ……………………………… 102
（1）作为接续词的"が、"（单独用法）…………… 102
（2）接续助词"〜であるが、……" ……………… 103
（3）作为独特法律用语的接续词 ………………… 105
（4）比较形式是"AとB"还是"AかBか" ………… 109
（5）接续词（单独用法）之后要标注逗点"、" …… 110

9　括号的用法 ……………………………………… 110
（1）括号的种类 …………………………………… 110
（2）作为"引用"的标记的直角引号「　」……… 111
（3）作为"注释"的标记的圆括号（）…………… 112

(4）圆括号内有必要加句号"。"吗？ …………………… 114

10　用"汉字"表示还是用"平假名"表示 …………… 116

（1）以"常用汉字"为标准 ……………………………… 116

（2）对于动词，在原本用法中用"汉字"，在习惯用法中用"平假名" ……………………………………… 116

（3）接续词和副词用"平假名"表示 …………………… 117

（4）习惯用法的例外 ……………………………………… 117

11　"付"和"附" …………………………………………… 118

12　作为优美日语的修辞（总结） ………………………… 120

（1）岩渊悦太郎编著：《第三版 拙劣之文》，日本评论社 1979 年版 …………………………………………… 120

（2）篠田义明著：《商务文完全掌握术》，角川 GP 2003 年版 ……………………………………………………… 121

第三编　报告、小论文与答案的写法

1　报告、小论文与答案的特殊性 ………………………… 125

（1）各自的特征 …………………………………………… 126

（2）报告、小论文与答案的共同点 ……………………… 128

2　问了什么——准确把握问题点 ………………………… 129

（1）厘清"题义" …………………………………………… 130

（2）"阐释争论点"的具体操作 ………………………… 130

（3）问题点的整理（文章表达的前阶段） ……………… 131

3　从态度决定到理论构成——小论文、答案的撰写 … 133

(1) 态度的决定 …………………………………… 133
　(2) 构建怎样的逻辑结构（具体的逻辑展开）………… 133
　(3) 小论文、答案的撰写①——理论构成 ………… 134
　(4) 小论文、答案的撰写②——文章表达 ………… 135
　(5) 结论部分——表明自己的意见和总结 ………… 138
4　答案评判的点滴 …………………………………… 139
　(1) 务必回答所有小问题 …………………………… 139
　(2) 注意"提问方式" ……………………………… 140
　(3) 前提过长的答案 ……………………………… 140
　(4) 避免"です・ます"的答题语调 ……………… 141
　(5) 碰运气的答案（本科期末考试等）…………… 141
　(6) "记述额外事项"的答案 ……………………… 142

第四编　研究规准与"研究伦理"

I　研究规准 ………………………………………… 148
1　"先行者优先原则"与"引用义务" …………… 148
　(1) 先行者优先原则 ……………………………… 148
　(2) 引用义务 ……………………………………… 148
　(3) 引用的范围 …………………………………… 149
　(4) 对引用的无视 ………………………………… 150
2　"引用的自由"与"限制" ……………………… 150
　(1) 什么是"引用" ……………………………… 150
　(2) 对"引用"的限制 …………………………… 151

- 3 引用原则 I——"公正的惯常做法"和"在正当的范围内" ………………………………………………… 151
- 4 引用原则 II——"明晰的区分识别性"和"主从关系的明确性"（适法引用） ……………………… 152
  - (1) 明晰的区分识别性 …………………………………… 152
  - (2) 主从关系的明确性 …………………………………… 153
- 5 引用原则 I 与引用原则 II 之间的关系 ……………… 155
- 6 来源注明义务和标注方式 …………………………… 156
  - (1) 来源（出处）注明义务 ……………………………… 156
  - (2) 注意"学说的引用" …………………………………… 158
  - (3) 禁止"间接引用" ……………………………………… 159
  - (4) "直接引用"还是"参照引用" ………………………… 160
  - (5) "注"的标注方法——引用文献的标注 …………… 161

II "著作权、著作人身权"的保护 …………………………… 164
- 1 什么是"著作权"? …………………………………… 164
  - (1) "作为财产权的著作权"和"著作人身权" ………… 164
  - (2) "作为财产权的著作权"的内容 ……………………… 165
  - (3) 著作权的保护期间 …………………………………… 165
- 2 著作人身权 …………………………………………… 166
  - (1) "发表权" ……………………………………………… 166
  - (2) "署名权" ……………………………………………… 166
  - (3) "保护作品完整权" …………………………………… 166
- 3 出版权 ………………………………………………… 167

(1) 出版权的设定 ·················· 167
(2) 出版权的内容 ·················· 167
(3) 出版义务 ······················ 168
(4) 作品的修正与增减 ·············· 169
(5) 出版权的存续期间 ·············· 169

Ⅲ 研究伦理 ························ 170
1 什么是"研究伦理" ·············· 170
(1) 研究者的"自律规范" ············ 170
(2) 研究伦理规程的必要性 ·········· 170
2 对学术性"创造物"的尊重 ········ 172
3 "反伦理性之行为"的类型 ········ 173
(1) "剽窃"(盗窃)行为 ·············· 173
(2) "搭便车"(freeride) ············· 173
(3) "污名化"(tarnishment,即损害或降低声誉和名声的行为) ················ 174
4 "剽窃"的样态 ···················· 175
(1) "剽窃"(他人研究成果的盗用) ··· 175
(2) "不适当的引用" ················ 177
(3) 图表、图像等的剽窃 ············ 179
(4) 教科书的"抄袭" ················ 181
(5) 想法的剽窃 ···················· 182
(6) 翻译作品(衍生作品)的剽窃 ····· 186
(7) 资料和数据的捏造、篡改 ········ 187

(8) 自己作品的挪用(转用) ………………………… 187
　5　论文的"代笔" …………………………………… 189
　　(1) 制药公司代写医师的论文 …………………… 189
　　(2) 论文代写行业 ………………………………… 190
　6　自由研究的保障与"指导伦理" ………………… 190
　　(1) 指导教授的作用——"学位论文的完成" …… 190
　　(2) 学生眼中的"指导教授" ……………………… 191
　　(3) "自由研究的保障" …………………………… 192
　　(4) 对留学生的指导 ……………………………… 193
　　(5) 权力骚扰 ……………………………………… 194

第五编　资料 1　文献引用的标注方法(出处的注明)

Ⅰ　文献引用的标注 …………………………………… 201
　1　杂志论文 ………………………………………… 201
　2　单行本 …………………………………………… 202
　　(1) 独著的场合 …………………………………… 202
　　(2) 合著的场合 …………………………………… 203
　　(3) 编著的场合 …………………………………… 203
　　(4) 译著的场合 …………………………………… 205
　3　判例研究 ………………………………………… 206
　　(1) 杂志的场合 …………………………………… 206
　　(2) 单行本的场合 ………………………………… 206

4	座谈会 ·································	206
5	"前揭"（前引）文献与"注"的标注 ·············	207
	(1)"前揭"（前引）文献的标注 ················	207
	(2)注释编号的标注 ·······················	208

Ⅱ　判例、先例、通知的标注 ······················· 209

1　判例的标注 ······························· 209

2　先例、通告 ······························· 210

Ⅲ　电子资料（digital content）的标注 ············· 211

(1)有页码概念的封闭型文献（如 DVD 等）的情形 ···· 211

(2)有页码概念的开放型文献的情形 ············· 211

(3)没有页码概念的网站、数据库等情形 ·········· 212

Ⅳ　法令名称的缩写 ···························· 213

Ⅴ　判例集、判例评论书刊的简称 ················ 226

1　大审院时代的判例集等 ···················· 226

(1)公共刊物 ······························ 226

(2)私人刊物 ······························ 227

2　最高法院时代的判例集等 ·················· 227

(1)公共刊物 ······························ 227

(2)其他的政府机关刊物 ···················· 229

Ⅵ　定期刊物的简称 ···························· 230

1　私人刊物 ······························· 230

2	学会杂志	231
3	大学机关杂志（学报）	233
4	法律杂志（政府机关、研究机构、法律类图书出版社及其他）	238

Ⅶ 法律以外之文献的引用方法 ………………………… 242
| 1 | 社会科学类的一般原则 | 242 |
| 2 | 人文类 | 244 |

第六编　资料 2　与学位授予相关的规则

Ⅰ 学校教育法（第九章抄录） ………………………… 247
Ⅱ 学位规则（文部科学省令） ………………………… 259

Q&A·代读者问与近江教授的解答 ………………………… 267

第一编

学术论文与学位论文

Ⅰ 学术论文与学位论文的特殊性

1 什么是"学术论文"

(1) 学问·艺术中的"创造性价值"

"学术"一词是"学问"和"艺术"合在一起的模糊概念,但通常在"专门的学问"这一意思层面加以使用。学问和艺术的共同之处在于,它们的价值都在"创造、创作"性上。因此,"学术论文"是指"一门专业学科中具有创造性"的论文。具体来说,是指"在该学科领域<u>与传统研究相比具有创造性价值</u>"的论文,也即在专业上具有"独创性"的论文。但是,现在这种原本的意义已趋于淡薄,不能否定它被用来指与专业相关的一般论文。

不过,即使是专业领域相关的论文,其内容和形态也是多种多样的,包括学位论文(硕士学位论文和博士学位论文)、毕业论文(学士论文)、机关报刊投稿论文、专题投稿论文、奖赏论文、外国法介绍论文、判例评释、对特定事项进行整理的"关于……"(综合性)研究、特定领域的体系书等,也即所有可能具有专业性的内容都将被包括在内。

"学术论文"本来是学者的研究成果(无论是自发的还是受托的题目),并且是自由表达的个人见解。因此,在内容和形式上没有限制(杂志社等委托的稿件,在写作上会受到一定的限制,这是另外的问题)。但是,特别是对于自主写作的学术论文,就像后面要说的"假设的论证"将决定其学术价值那样,从假设的设定到论证,需要遵循一定的写作步骤。

另外,如今在欧美的研究生院[硕士课程乃至 JD(Juris Doctor)等]和日本的专门研究生院等中,以"研究论文"代替硕士论文的情况正在增多。研究论文虽然仍是一种学术论文,但在论文结构上与硕士论文不同[由于研究论文还具有一些特殊问题,将在④(第 13 页)中进行处理]。

(2)特殊的学术论文:"学位论文"——"学位的获得"和"创造性"

即便是在学术论文中,也有些"特殊"的论文,出于特定的目的而要求特别严格的审查,其典型就是硕士论文和博士论文这样的"申请学位论文"(学位论文)。

(a)以"获得学位"为目的

之所以能称为"特殊",是因为撰写论文的目的在于获得"学位"(硕士学位、博士学位)。而且,只有通过"严格审查"才能被授予学位,因此,作者不能自由随意地写作。从论文的准备到完成,也需要相当长的时间,不是简单地就能写出来的。因此,当然就要求有一定的"论文写作方法"。如后文将详述的那样,学位论文的结构和写作步骤必须始终符合"假设的论证"。

(b) 具有"创造性"

必须体现学术论文本来的目的,即"创造性"。这里所说的"创造",是"创作出"某种东西这一积极层面的意思。所谓"积极地创造",是指"到现在为止的学术领域中,确实增添了一些可以称得上'新见解'的东西"(参见第10页【学位申请论文的审查标准】第4点)。

举个相反的例子可能更容易理解。有一篇以彻底批判著名学者A之学说为内容的硕士论文(实际上,关键的一点在于自己的指导教授B的学说和A的学说在学术上是对立的,而作为其学生的自己也想要拥护B的立场)。毫无疑问,这样的"批判"论文也确实在学术上创造了些什么。但这不过是批判这一消极意义上的创造,而不是学位论文所要求的积极创造。当然,不能否认的是,"批判"对于学术论文来说也是一种重要的"假设的论证方法",但仅仅贯彻了这一方法的论文,并不适合用于申请学位。

研究重点模糊的"关于……的综合研究",以判例整理为主要内容的判例研究论文,以及仅以介绍外国法为目的的所谓"比较法"论文,也是如此。如果是在获得学位或获得工作后,作为研究的一环进行写作,那么这些论文对学术界的贡献也很大,而应大受欢迎。但是,学位申请论文与这些论文的目的不同,特别要求具备"创造新的见解"这一点。

另外,想要谈一谈的是介绍外国法的论文,这种论文在研究生向机关报刊的投稿中尤为多见。东京大学名誉教授川岛武宜说,"即使到了今天,在日本也还有一种氛围,那就是只要将外国学说毫无遗漏地介绍出来就能成为'论文'。虽说,在学问落后的国家,为了追赶,这些工作是必要的,也是相当费力的,这是事实。在日本,鸠山秀夫先生、冈松参太郎先生、石坂音四郎先生等人使民法学几乎赶上了德国。为了赶上德国,这几位老师付出了巨大的努力。因此,我认为理解并介绍那些难懂的德国学说是赫赫之功,但今天的日本法学已经走过了这个阶段。当然,外国学说的研究和介绍是一如既往地有必要的,但我想说的是,不应该仅凭这一点就将其称为一篇'论文'"①。

要言之,将介绍外国法的论文作为学位论文或一定的学术论文,是缺乏妥当性的。但是,这并不是否定其作为写作学位论文时的资料(组件)的价值,因此,只要注意到这是博士或硕士学位论文的写作,并将其作为论证文献加以使用就可以了。但是,此时,由于"假设"已经基本确定,因此只能将其作为论证手段之一来加以使用。从研究生写的介绍外国法的论文来看,很多都有想成为该领域专家的意愿。希望能以此为基础,务必将其与学位论文联系起来。

综上所述,必须牢记的是,"学位论文"是学术论文中具有"特殊性"的论文。到目前为止,申请学位的情况比较少,事实上,这不仅是因为在日本即便没有学位也可以从事研究工作,也是因为在论文的构成上要求具有如此严格的创造性,这无疑抬高了审查的门槛。

但是,凡有"想要研究"点什么的欲望,"创造性"就会无限膨胀。因此,只要遵循一定的研究方法和步骤,就一定能完成学位

---

① 〔日〕川島武宜『ある法学者の軌跡』(有斐閣,1978 年) 120 頁。

论文。本书旨在让学生了解、领会完成这篇"学位论文"的研究方法和撰写论文的步骤。

此外,学位论文的写作步骤,也是一种贯彻"假说的论证"的科学证明方法,因此在撰写其他论文时也可以被普遍应用。

2 硕士学位论文

首先,作为学位论文写作的前提,必须了解"学位"(硕士学位、博士学位)获取制度的概要和其"审查基准"是怎样的。

(1) 硕士学位的获得和硕士论文

关于"硕士学位"的取得,《学校教育法》并没有提出具体要求[该法第 104 条第 1 款、《文科省令学位规则》第 3 条。但是,预料到有可能进行学位论文审查(该学位规则第 5 条)]。因此,各大学的研究生院可以自行规定是否将硕士学位论文(以下简称硕士论文)的提交作为硕士课程的结业条件。例如,早稻田大学在研究生院学则的第 13 条规定:"〔第 1 款〕硕士课程结业的必要条件是,就读 2 年以上的研究生院硕士课程,根据各研究科的规定,在所需的授课科目上取得规定的学分,并在接受必要的研究指导之后,通过硕士论文的审查和考试。〔第 2 款〕在前款的情况下,如果认为符合该硕士课程的目的,那么也可以用对特定课题研究成果的审查代替硕士论文的审查。"

总之,硕士论文不是获得硕士学位的必要条件,而是由各研究生院自行决定的条件。想必其他大学也有同样的处理方式。

(2)作为判断研究人员之"资质"的材料

实际上,"硕士论文"往往被这样处理,即作为完成研究生院硕士课程(博士前期课程)的必要条件。但是,在硕士论文的作者进一步攻读博士后期课程的情况下,这也就成了判断其是否具备研究能力的材料,因此是极其重要的论文。

硕士论文的内容水平与下面提到的博士论文不同,①"着眼点的新颖性",②"对该论题的学习程度",将成为评价的基础。关于②,要求收集并参照几乎所有与该主题相关的文献[参见后述Ⅱ①(3)(第22页以下)]。

另外,早稻田大学法学研究科改变了以往的教育方法,将研究生院改为"硕士课程·博士课程连贯性教育",并在其中设置了作为实践性教育方法的"课程作业"(coursework)。根据其所设定的步骤来履行,学生将在5年之内取得博士学位。这一方面是因为法务研究科(法科大学院)的设立*,使有志于成长为研究者的学生锐减;另一方面也是对因博士课程入学考试太残酷而导致有资质的学生因考试不合格被淘汰这一现象的反省。因为是否具备研究者的资质,不应该只通过博士课程入学考试中的语言考试(两种语言)来评价,而应该通过论文的内容来判断(语言能力即使不通过考试,也可以通过论文中外语资料的使用情况来评价)。因此,在各大学中,这一教育体系也将得到普遍推广。

---

* 日本的法科大学院,是为了培养能解决社会上各种问题的法律实务家的专门职大学院。与美国法学院一样学制为3年,不限制大学的专业,毕业时授予法务博士的学位。与美国的 Juris Doctor 学位(简称 JD)相同。相比于研究科大学院,法科大学院入学考试的合格率更高。——译者注

3 博士学位论文

(1) 博士学位的获得与博士论文

"博士学位"有两种。①对完成研究生院博士后期课程的人授予的"课程博士"学位(甲号博士学位);②未修完研究生院的课程而是通过提交"论文"来授予的"非课程博士·论文博士"学位(乙号博士学位)。

对于①中的课程博士,其和硕士学位一样,《学校教育法》没有将完成博士后期课程作为必要条件(该法第104条第1款、《文科省令学位规则》第4条第1款,以及该学位规则的第5条),但各大学可自行规定,将"在获得规定的学分,并接受必要的研究指导的基础上,通过博士学位论文(以下简称博士论文)的审查和考试"作为必要条件(各大学研究生院学则)。

对于②中的论文博士,当然要求博士学位申请论文(《学校教育法》第104条第2款、《文科省令学位规则》第4条第2款)。此时,便可对"提交博士论文,审查和考试合格,并且确认拥有与修完了专业学术相关博士课程的人一样广泛学识的人"授予该学位(各大学研究生院学则)。

(2) 博士论文的水准

对于博士论文的作者来说,最关心的恐怕是"何种程度或水准"。博士论文的内容水平与硕士论文的有很大不同,关于特定的主题,<u>作者的创造性和高深的见解</u>是不可缺少的。对于这一点，早稻田大学法学研究科制定了下述内部规定。这是课程博士与非课程博士(论文博士)的共同审查基准。

虽然对于篇幅没有特意设定一般性的标准，但由于对外国留学生撰写的论文要求达到 140000 字左右(参见下面的【学位申请论文的审查标准】)，所以对于日本人的论文，字数只要超过这一标准就好了。

此外，对于必须在论文中附带提交的"摘要"，建议至少能有 8000 字(也有必要附上"参考文献一览表")。

【学位申请论文的审查标准】

在本法学研究科中，审查为申请学位而提交的论文时，应根据早稻田大学研究生院学则第 3 条第 1 款规定的博士研究生课程设置的宗旨，按照以下具体标准进行。

1. 明确展示了关于<u>特定选题</u>的<u>问题意识</u>和<u>研究方法</u>。
2. 具备研究论文的形式，如文献资料的明确引用等。①
3. 达到该研究领域的研究水平。
4. <u>申请人</u>提出了<u>新见解</u>，其<u>创造性</u>得到认可。

此外，外国留学生申请本法学研究科所设定的课程学位时，可以注意以下几个方面。

(1) 撰写论文时，原则上应使用日语，但经法学研究科委员会认定确有特殊情况时，也可使用其他语言撰写。

(2) 对于论文拟进行日本法与母国法的比较研究的，只要能确认将其母国法介绍到日本具有价值，那么就日本法的研究

---

① 文献与资料的引用和提示，在学术论文中是根本中的根本。所谓学术论文，无非就是在现存的以往学者所做工作的基础上，在该领域内添砖加瓦(创造)而已。过去曾有过基于一本完全没有引用的书籍而被授予博士学位的情况，暂且不论申请人的所作所为，封建的审查体制和审查人员的素质就难免让人怀疑。没有引用的书，就像随笔和评论一样，在内容上会有剽窃的嫌疑。

> 部分而言,只要能达到我国学界的一般水平即可。另外,对于论文仅以日本法为研究对象的论文,只要能读完日本的主要文献,并总结出相当水平的研究结果即可。
> 　　但是,无论哪种情况,论文的篇幅,都至少需要达到每页200字的稿纸要有700张(140000字)左右,另外,在论文中要附上参考文献的一览表。
> 　　(注)早稻田大学大学院规则第3条第1款
> 　　"博士后期课程,应培养作为研究人员独立从事专业领域的研究活动,或从事其他高度专业的工作所需必要的研究能力和作为其基础的丰富学识。"
> 　　※下划线为作者所加

(3)"课程博士"论文的运用

课程博士的论文,一般是在已通过评审的"硕士论文"基础上,再积累两年以上的研究来完成的。在这种情况下,可以设定与硕士论文不同的题目,但正如上述"审查标准"所示,既然对于课程博士要求必须具备完成"博士论文"所相应的学术水平,如果改变题目的话,之前两年的研究成果就等于白费了。基于上述原因,大部分学生一般都是将其作为硕士论文的延伸,在同一选题或同一领域内完成博士论文。

申请博士学位的论文提交后,法学研究科科长当然要受理,并将立即开始审查(《大学学位规则》)。是否达到博士学位水平等标准,将在其评审过程中予以判定。这与下述论文博士的审查程序不同。提交的论文一旦被否决,就和硕士论文一样,不能再次提交,所以在申请学位时,需要周密的计划以及与指导教授作充分的协商沟通。

(4)"非课程博士"论文的运用

下面要谈的是,通过只提交"论文"来取得博士学位的"非课程博士"(乙号博士学位)的论文。《学校教育法》第104条第2款规定,各大学"对认为与被授予博士学位者具有同等以上学力者,可以授予博士学位"。

但是,仅从提交的"论文"来判断提交者(学位申请者)的实际学力是很困难的。在该制度下,论文的提交可以与是否在该大学或研究生院毕业、结业无关,即使不是大学毕业也可以提交,因此当然需要与"课程博士"不同的个别性审查。

因此,在提交博士学位申请论文后,首先,要事前审查是否受理,如果决定受理,则受理并进入审查程序(《大学学位规则》)。如上文所述,由于没有经过博士的教育课程,因此需要判断该论文是否达到了值得受理的水平。

其次,在事前审查决定受理的情况下,需要对申请人进行"语言能力审查"。这是因为,《研究生院学则》规定"除了第15条规定的〔博士课程结业者〕,对于提交了博士论文,且经审查及考试合格,并被确认与顺利完成专业学术相关课程的人一样,拥有广泛学识的人,也可以被授予博士学位"。同时,该学位规则规定"研究生院学则所规定的学识确认,应以测试与博士论文相关的专业领域的科目及外语的方式进行"。

申请被受理后,审查的对象,只有"论文"这一项。有时申请者也会将自己的其他著作或教科书等作为辅助资料一并提交,但也只能作为参考,审查的对象始终仅限于学位申请论文。在这里,申请人的头衔、地位、身份等都不能左右审查。仅对申请论文的内容,以上述【学位申请论文的审查标准】(第 10 页所列)的各款为标准进行审查。

另外,关于所提交论文的样式,上述"课程博士"和"非课程博士"是相同的,通常是装订(包括简易装订)的论文,但由于并无其他装订要求,所以用带子等装订整齐也是可以的。但是,将数本自己论文打包线装,或者把打印纸和手写的每页 200 字的稿纸混在一起装订的,都不被受理(提交者可能想说"我只能写这样的论文",但博士论文不是那么简单的)。如后文所述,"博士学位申请论文",其整体作为"一篇论文",必须以"论证一定假设"的结构展开[后文 Ⅱ ③(第 26 页以下)]。

④ 关于研究论文(research paper)

(1) 什么是研究论文

一直以来,大家所关注的都是"博士论文"和"硕士论文"这样的"学术论文",并探讨其写作的方法。但是,最近以专业研究生院为中心[或者,在一般的研究生院硕士课程(博士前期课程)中],不需要提交"硕士论文",取而代之的是提交"研究论文"的情况日益增多。那么,"研究论文"到底是什么东西呢?[另外,这里所说的"研究论文"与后面第三编中将提到的"小论文"不同。"小论文"是指企业内的报告书和大学、研究生院入学考试中所要求的报名表(entry-sheet)等,也不一定需要引用文献。与此相对,研究论文是一项研究活动的成果,在这个意义上接近于"硕士论文"。]

在进入这个问题之前，必须注意的是，正如在"序言"中所说的那样，现在研究生院的硕士、博士课程以及专门研究生院的必要结业条件，是完成"课程"，而不是"论文的合格"（《学校教育法》第 104 条第 1 款,《文科省令学位规则》第 3 条、第 4 条第 1 款）。因此，像改革前那样提交"硕士论文"，在制度上已经没有必要了。由于这一问题的处理被委托给了各个大学，但各大学并没有进行完全不需要提交"论文"的改革，而是变成了虽然不要求达到"硕士论文"的水平，却相应地需要写一定程度的"研究论文"之类的东西。

然而，关于"研究论文"（research paper），该术语本身来自外国制度的引入（但在外国，也还不能断然地说该术语有多明确的内容），我国对此还没有确切的概念规定（各大学和研究生院对此术语的理解也各不相同）。research paper 有时被翻译成"调查报告书"，有时却被翻译成"研究论文"。

但有一点可以说的是，虽然"硕士论文"水平的研究不是必要的，却仍然是以形成关于"特定课题"的"调查、研究的成果"为目的的。顺便一提，文部科学省大学振兴课，作为"代替硕士论文审查的特定课题的研究成果审查（例）"公布了几所大学的例子（平成 17 年 2 月）①，其中，例如，筑波大学经营·政策科学研究科的回应是"完成特定课题研究报告书"，东京大学法学政治学研究科的回应是"完成调查论文"。由此可以看出，"研究论文"并不是"硕士论文"，而是应该被理解为取而代之的"关于特定课题的研究成果"。

---

① https://www.mext.go.jp/b_enu/shingi/chukyo/chukyo0/toushin/attach/1335448.htm

从各大学的处理来看,北海道大学公共政策研究生院的招生简章是这样规定的:"要想在公共政策研究生院结业,完成研究论文是必要的,但并不是一定要写出相当于硕士论文的论文。"①明治大学治理研究科(公共政策研究生院)也明确表示:"治理研究科将以'研究论文'的形式,完成关于实践性·实务性的特定课题的研究成果,作为取得专业学位的条件。研究论文与一般的硕士论文相比,更加贴近实践和实务,采用的是更加具体的进路"②。

(2)研究论文与硕士论文(学术论文)的区别

如上所述,硕士论文和研究论文,不仅"目的"不同,而且"程度"也不同,对研究论文的要求程度不像硕士论文那么高。这意味着什么呢? 我认为,关于这个"程度",有两层意思。

(a)研究论文的特征

"硕士论文"是学位论文,作为论者的研究成果,必须经过设定"假说"并对其进行论证的过程(由于要求研究论文的研究生院所规定的修读年限,多数情况下最少可以为1年,因此,要完成假说的论证这一工作,在时间上来看也很困难)。

对此,在研究论文中,并不要求践行该方法。这里需要的是,对"特定课题"进行周密的研究和调查。至于这里的"特定课题",既可以由自己设定,也可以听从指导教授的指示。

当然,并不是说在研究论文中不需要"假说的设定和论证",如果是采用这种结构的优秀论文,则再好不过了。

---

① http://www.hops.hokudai.ac.jp/about/qa.html
② https://www.meiji.ac.jp/mugs2/curriculum/researchpaper.html

(b)研究论文的形式

要求一定的形式。这一点源自于外国制度的移入。一般情况下,研究论文要求采用以下形式。

ⅰ 字数:20000 字(日语·全角)

有的学校以 20000 字为标准(东京大学法学政治学研究科、早稻田大学公共政策大学院等),有的学校严格规定不得超过 20000 字(京都大学公共政策大学院等)。一般来说,硕士论文至少要求达到 70000～100000 字,研究论文还不到硕士论文字数的 1/3。相反,即使对于"设定假说,并对其进行论证"这一工作来说,篇幅也是不足的。

ⅱ 论述的内容

对论述方法作出明确描述的,大概也只有早稻田大学公共经营研究生院。其"要点"如下所述(参见该研究生院研究科要点第 41 页)。

【研究论文的要件(例)】
"所谓研究论文,是指通过基础科目的积累,掌握法学、政治学、经济学等学科(discipline),对于自己提出的问题,运用这些学科给出解决方案。换言之,这也可以被叫作'政策建议论文'。研究论文应满足以下 1-8 所包含的要件。
1.选取有关公共经营领域的课题,恰当地设置选题;
2.根据掌握的分析方法进行研究;
3.自洽连贯地展开论点;
4.研究内容的叙述和展开是具有说服力的;
5.确认经过了对可行性及其他评估的检讨;
6.满足所需的最低字数要求,且格式符合规定;
7.根据自己的调查、分析,尝试回答自己所设定的问题。"

这一标准与硕士论文的标准相比,也具有毫不逊色的高度,在研究论文中作出如此要求,也许可以说是苛刻的。然而,从该研究生院的塚本寿雄教授处得知,这是根据以前硕士论文的标准制定的,今后可能会有变化。总之,在 20000 字的篇幅内,能对"课题"进行多少调查研究,是判断研究论文好坏的关键。

ⅲ 格式

关于研究论文的"格式",可以认为与通常的"研究论文"是相同的。但是,专业研究生院的硕士课程,不同于学术研究生院,需要提交大量的研究论文,此时,如果格式不统一,就会给审查人员带来不必要的麻烦。例如,文字的字号不同,行间距以及字距不一致的话,读者就会很辛苦。由此推测,早稻田大学公共经营研究生院对研究论文的"格式"设置了如下标准。① 对于那些要阅读大量研究论文来开展审查工作的审查委员来说,是一大利好。

此外,在这个"格式"中,关于"注释"的标记,也与法学专业的形式不同,关于这一点,在后面的第五编 Ⅷ(第 242 页)将加以列举,以资参考。

```
【研究论文的格式】
纸张:A4/纵向、文字水平方向/单面打印
正文字体:·日本语字体采用"MS 明朝"
        ·英文字体采用"Century"
        ·英文与数字原则上使用半角字符
        (只要格式是统一的,无论使用哪种都可以)
```

---

① http://www.waseda.jp/fpse/gspm/assets/uploads/2014/05/20140414_RP_guide1.pdf

字数：以 20000（英文的情况下,8000word）为标准。

※图表除外

正文文字的大小：12 磅

※图表不在此限

页面布局：·"页边距"上 35mm,下、左、右 30mm

·"距边界"页眉 15mm

页脚 17.5mm

※这一页面布局是 Microsoft Word 的设定值。要改变页面布局的话,请通过选择菜单栏的[文件]→[页面布局]来完成。

结构：一定要分章节。章节体例及其字体须按如下要求。

封面：请务必加上封面

※在封面中写上,预计毕业年度、标题、主审和副审的名字、专业、学号、姓名

目录：请在封面的下一页插入目录

序论(or 摘要)：(MSゴシック、加粗、14 磅)

※在序论的标题下,空 1.5 行的距离

第 1 章：(MSゴシック、加粗、14 磅)※在章的标题下,空 1.5 行的距离

第 1 节：(MSゴシック、12 磅)※在节的标题下,空 1 行的距离

第 1 项：(MSゴシック、12 磅)※在项的标题下,空 1 行的距离

第 2 项：(MSゴシック、12 磅)

……

第 2 章：(MSゴシック、加粗、14 磅)

第 1 节：(MSゴシック、12 磅)

第 1 项：(MSゴシック、12 磅)

……

结论(or 结语)：(MSゴシック、加粗、14 磅)

> **参考文献**:(MSゴシック、加粗、14 磅)
> ※在研究论文的最后,需要列举引用过的学术刊物和书籍。如果是书籍,请注明作者名、发表年份、书名、出版社名;如果是学术刊物,请注明作者名、发表年份、论文标题、杂志名(学会名等)、卷、页。另外,参考文献的引用形式和顺序,可能会根据领域的不同而有所区别,请事先向指导教师确认
>
> **附录**:(MSゴシック、加粗、14 磅)
> ※所谓附录,是指那些虽不需要被包含在研究论文的主体部分中,但为了促进对文章的理解,而添加的实用信息。有些研究领域是不需要的。千万不要将其用来凑字数

(3) 撰写研究论文的注意事项

关于研究论文,至今为止并没有明确的标准,而是一直由各大学和研究生院灵活处理,但也逐渐形成了上述的共识。尤其是专业研究生院的学生,因在撰写研究论文时,与硕士论文的情况不同,故希望在写作时要牢记"对特定课题自己进行充分的研究、调查"这一点。

不过,虽说与硕士论文的研究以及写作的方法不同,但在文章的写法、修辞方法、参考文献的引用方法、研究伦理等方面,则与博士论文、硕士论文的情况完全相同,并无异处。关于这些,已经在本书的相关部分进行了解说。

Ⅱ 从选题的确定到"假说"的设定和论证
——学术论文的精髓

1 决定"选题"的过程

这里的"选题",是指"自己目前正打算研究的主题",是自己感兴趣的特定领域中的主题(题材),而不是指将其缩小后的"题目"(标题),因此,也与后面提到的"假说"有所不同。这一点需要特别注意。

(1) 对哪个领域的什么问题感兴趣呢?

既然是"论文",首先要确定和决定想研究讨论的"题目"。对于研究人员来说,"选题的决定"是一项重要的工作,研究论文的写作就是从这里开始的。

对于如何寻找研究"题材"(题目),第一重要的是,应该以"自己的兴趣"为中心。既然进入了研究生院(或者说,既然有意愿来写论文),那么自己对"哪个领域的什么问题感兴趣",也会有一个模糊的认知。从这个意义上说,就是要珍惜自己一直以来的学术好奇心,对自己关心的领域和事情,要更加客观冷静地加以判断,并对照自己的研究条件,集中研究一个题目。

所谓自己的研究条件,会根据自己的研究时间(例如,研究生院和专门研究生院的最短研究时间并不相同),能够收集资料的环境,所处的立场等,产生差别。进入过社会的入学者等,在环境上可能会受到相当大的制约,但反过来如果是与职务相关的领域,选题的确定又可能会比较容易。

在这里,我们将讨论硕士课程中的"硕士论文",这是第一阶段学位论文,在许多情况下,在"衔接博士论文"的意义上尤为重要。

硕士课程的标准研究时间为2年,一般在第2年的4月份提交"硕士论文计划书",因此在那个时候,必须决定具体研究的目标"假说"。这样一来,由于假说的发现需要相应的研究,倒推来算,最好在第1年的9月份左右(入学后6个月左右)决定研究的题目。

(2) 与指导教授沟通讨论

但即便是从自己的兴趣出发,要锁定一个特定的选题,也不是那么容易的事情。就自己想要研究的题目而言,还是有诸多令人焦虑之事:有无学术价值? 若对多个题目感兴趣,选哪一个比较好? 有无拓展为博士论文的可能性等。因此,第一要务是和指导教授商量决定。在各研究生院中,指导教授的"论文指导"(研究指导)是必设科目,所以一定要和指导教授商量,坦率地陈述自己的意见,并得到正确的指导。因为指导教授的"指导",也是教授的义务。

至于我自己,一般会让学生列出好几个他们想要研究的主题(四个或五个),并在纸上逐条列出他们对这些主题感兴趣的地方,然后让他们逐一说明每一个主题。在此基础上,坦率地给出意见:A题目在过去是很重要的论点,但在当今社会已经失去了这种重要性;B题目在现实中很重要,但在资料的收集等方面恐怕存在困难(有必要在外国收集,有必要了解金融剥削者以及高利贷、黑钱业者的实际情况等),并最终让学生自己作出判断。另外,如果有必要,会让他们在课堂上报告。

但是,也有学生怎么也不能自主决定的情形。在这种情况下,我也有几次为学生指定了特定的选题,结果也做出了非常好的研究论文。但是,这种情况很少发生,所以,从根本上讲,选题是需要学生自己决定的事情。这一点需要牢记。

(3) 重视观点的独创性

但是,硕士论文选题的确定与博士论文不同,应该将自己凭直觉且单纯地认为"这很奇怪"之处作为出发点。这是早稻田大学名誉教授篠塚昭次在给硕士生上课时说的。当时,他举了几个例子。《民法》第709条对侵权行为的规定是:"因故意或过失而侵害他人权利者,对所生之损害负赔偿责任"(现代语化以前的条文*),就其中的"侵害……权利",学说上提出了"违法性"概念。但是,"违法性"的用语不仅没有出现在条文中,而且和"侵害……

---

* 日语条文原文在这里使用了片假名与汉字相结合的旧形式。——译者注

权利"这一概念之间是什么关系也不清楚。我认为,仅凭这些"对疑问点的讨论",就足以作为一篇硕士论文。

这个问题当然也是引起侵权行为理论大问题的论点所在,但即使不是这样的大问题,作为"研究的出发点"的话,单纯地"认为这有疑问"就可以了。这说明了"独创性"的重要性。以这种独创性为前提,在硕士论文中,关于<u>疑问点,①全面涉猎前人的论文(全面收集相关文献),②能深入到何种程度(对疑问点要有充分的思考)</u>,是很重要的。

(4) 构思不佳的论文

那么,反过来,构思不佳的论文又是怎样的呢?对此,最好能够一并加以考虑。

(a) "切入点"的欠缺

第一类是"切入点"的问题。虽然上文强调过"观点独创性"的重要性,但一些人始终无法确定清晰的"观点",导致议题的"切入点"含糊不清。这个问题在硕士论文中尤为明显,其虽然一直在研究特定的主题,但并未明确提出"假说",因此,整篇论文给人的感觉就像是在围绕某个主题进行讨论,自己对这一主体进行观察的切入点却并未明确。

另外,对制度概略的叙述,对判例、学说的研讨,对外国法的介绍等,也称不上是研究论文。

(b) "创造性"的阙如

第二类是一开始提到的,没有"积极"的创造性的问题。虽然上文已有讲述 [参见第一编 Ⅰ 1 (2) (b) (第 5 页)],但最近仍有人问我,如果进行研究的结果是,无论怎样都没能发现有创造性的东西，只能以批判学说而告终，这样可以吗？这个问题与前述（a）具有共通之处，正是因为原本自己想主张的"假设"没能建立起来，所以才会有这样的结果。从某种意义上说，"假设"也就是"结论"，因此其中当然地就包含了创造性。

（c）"基础资料"的问题

第三类是虽然观点、焦点很好，但"所处理的资料"却很简陋。也即，就那个题目而言，在本来当然需要一定资料的地方，结果与审查员的期待相反，完全没有呈现，或者即使呈现了也不符合期待。例如，"关于建筑承揽的实务研究"却完全没有验证其中的"实务"部分（仅根据其他文献的说法）；明明是"博士学位"论文，却在介绍与外国的交流关系时，只引用了一两篇文献，并在其后反复引用。总而言之，这是在"偷工减料"。

2 "假说"的发现和确信
——从选题到假设的酝酿

(1) "假说"是什么？

所谓"假说"，原本是 hypothesis 的译词。"假"这个词，因为有"不是真的、凑合的、借来的、表面上的"等意思，所以容易造成混淆。但是，"假说"的"假"绝不是指上面这些意思，而是指"暂定的"这一意思。

一般来说，在作为科学的学问（自然科学、社会科学）中，作为个人见解的"主张"要想被评价为"真理"，就必须对其进行证明或验证。通过这种验证,对事物和现象的观点被承认是"正确的"。因此,未经验证的个人观点还不具有正当性,而只能是"假的"(暂定的)说法。这便是"假说"。

但是,所谓"假说",并不是研究者单纯的临时的想法和思考,而是在类似的研究成果的基础上,作为自己独到的学说,可以确信地向社会发表的想法。因此,必须进行一定程度的研究。如下所述,硕士论文的研究需要1年左右,博士论文的研究则需要更长的时间。

(2) 对假说的确信!

硕士生必须在2年级的4月份提交"硕士论文计划书",7月份在"硕士论文报告·审查会"上进行报告,并获得提交硕士论文的批准。这样的话,在2年级的4月份,对于研究题目就应该具有相当具体性的把握,并形成自己的见解。此时的研究题目就是"假说"。

"假说"有时在理解上,会与"主题"(题材)相混淆。然而,二者完全是两回事。"假说"是自己想要论证的个人见解,是在对相关"主题"进行一定程度的学习过程中发现的。而且,要将某一事理作为"假说"来确信,需要相应的时间和研究量。对于硕士论文来说,需要1年左右,博士论文如果从头开始算也需要2年。总而言之,到目前为止,要想将所探讨的主题以及事理作为"假说"来形成确信,就需要依靠在此之前的研究过程。"假说"的意义不仅限于学位论文,也是一般学术论文所要求的最重要的论文基本要素。关于假说的意义和论证过程,将在下面的第三节中详细论述。

③ "假说的论证"过程

(1) 论证假说的方法

那么,要是"假说"已经决定了,又要如何对此进行验证和论证呢?在自然科学中,一般借助实验、临床和统计等方式获得的数据来完成。在社会科学中,政治学、经济学、社会学等也大量采用这种方法以及田野调查。

在法学中,虽然各领域不同,但一般以逻辑验证为中心,通过与判例理论的关系、历史性·制度性的关联性、比较法的考察、访谈等实际情况调查、统计和问卷调查等方法进行论证。通过以上方法的"论证"就是"假说的论证"过程。而且,极端一点,认为"论文"的价值是由这个"假说的论证"过程来决定的也不为过。

(2) 以拙著为例

对于这一点如果只是泛泛而谈,就难以留下深刻的印象,所以在此我将举一个自己的例子,来进一步说明。我的博士论文的选题是"让与担保",我从在那之前所作的相关研究论文中,选取了8篇发表在学校的学报上的论文,并以1篇学会报告(日本私法学会报告)和新写的原稿为基础,出版了《担保制度的研究—权利移转型担保研究概说—》*(1990年刊)。毋庸置疑,在此之前

---

* 短横是日语文章标题中,常使用的符号,起到引申说明和细化限定的作用,类似于中文中的破折号。——译者注

的各个独立的发表论文,在微观上也各自具备建立"假说"并加以"论证"的结构。其内容如下:

> 第1章 让与担保的基本问题[1]
> Ⅰ 关于"卖与担保"和"让与担保"在观念上的区别
> Ⅱ 权利移转型担保中目的物的占有关系
> Ⅲ 关于不动产的让与担保
> 第2章 我国让与担保的发展
> 第1节 让与担保的成立过程——让与担保在日本担保法史上的定位——[2]
> Ⅰ 民法典制定之前的担保制度
> Ⅱ 地票预存担保的存在意义
> Ⅲ 民法典所建构的担保制度
> Ⅳ 通过判例对流担保和"卖与担保"的承认
> 第2节 让与担保理论史
> Ⅰ 让与担保的产生与法的承认理论
> Ⅱ 法的构成论
> 第3章 德国让与担保的发展
> 第1节 权利移转型担保的历史展开[3—1]
> Ⅰ bedingte Übereignung 的消失与日耳曼担保法上的流担保禁止法理
> Ⅱ 作为权利移转型担保的 Wiederkauf
> 第2节 让与担保理论的产生[3—2]
> Ⅰ 普通法时代通过判例的承认与"买回"行为
> Ⅱ 德国民法典(BGB)的应对
> Ⅲ 德国民法典施行后判例理论的展开
> 第3节 让与担保的承担问题情况——民事立法学的研究——
> Ⅰ 问题情况的把握
> Ⅱ 信用担保改革的动向
> Ⅲ 第一次世界大战前让与担保的问题性

> 第 4 章 终章——权利移转型担保论概说
> Ⅰ 终章的序言
> Ⅱ 针对权利移转型担保的分析视角
> Ⅲ 让与担保的发展过程——"买卖"还是"担保"
> Ⅳ 权利移转型担保的再构成——"买回"还是"让与担保"

以其中 1~2 篇论文为例，在最先发表的机关刊物论文[1]中提到，在德国让与担保起着动产抵押的作用，与此相对，日本的让与担保大多是不动产。但是，通说观点忽视了这一点，认为日本的让与担保是套用德国法理论（动产理论）来完成理论构建的，这就导致了理论上的矛盾（不能说明不动产让与担保的存在！），并将这一矛盾归因于拍卖制度的不完善。但事实真的是这样吗？因此，我尝试将日本担保的历史追溯到封建时代进行研究[2]，结果发现不动产的让与抵押的使用与"附买回条件的买卖→流质"这一"高利贷式的使用"是一致的，而使我确信这才是日本让与担保的真实情况。因此，我提出了"不动产让与担保是以买回为基础的牟取暴利的制度"这一"假说"，并试图对此加以论证。

另外，在谈及德国的权利移转型担保的论文中，日本的学说一直认为在德国不存在不动产让与担保，但是如果考虑到德国的附条件的所有权转让和买回制度等的存在的话，就难免产生是否果真如此的疑问。因此，如果将德国的担保制度追溯到更早的时代来加以考察[3—1]·[3—2]，就会发现如下的事实，即权利移转型担保（所有权担保）显然是存在的；而且即便到了现代，也是以不动产买回权、附条件转让的形式发挥作用。因此，姑且不论是否将其称为让与担保，也可以将"在德国也存在着与不动产让与担保同样的权利移转型担保"作为"假说"，并试图从德国担保制度的历史、不动产转让法及登记制度来对其加以论证。

然后，对这些论文进行重新研究并统合，从而形成了"学位申请论文"（这是自硕士课程入学以来18年后的事情）。以个别论文为基础的各章、各节也分别采用"假说—论证"的结构，但既然是学位论文，就有必要统合各论文并设定统一的题目。因此，在"让与担保—权利移转型担保"研究这一主题下，将整体的"假说"置于从以前的研究中获得的成果——"通说认为让与担保和买回是不同的制度，但如果检验动产让与担保的形成过程的话，会发现让与担保本身就是买回制度，只不过是将买回作为担保制度加以重新构建而已"之上（这构成了当时通说的否命题），特别是通过对让与担保的历史发展过程和比较法的研究，以所收录的全部论文来"论证"该假说。

关于"论证"的方法，运用了批判通说的逻辑矛盾、历史性考证、比较法考察、从判例的事件中考证让与担保的实际情况这些手法，但说实在的，并不是那么简单。例如，对于让与担保存在形式的考证，尽管当时的经济团体和部分学者也通过调查问卷的方式进行了统计，但这并不可靠（因为调查问卷和统计，会根据是以什么为前提或目的设计的，而可能得出完全相反的结果。简而言之，调查问卷可以根据提问方式来操纵结论），因此，从作为纠纷被提交到法院的所有案件中观察实际情况才是恰当的（因为这就是让与担保的"现实情况"，而无须再参考末弘严太郎博士的指示），从大审院的《民事判决录》《民事判例集》的全部到写作时最高法院的《民事判例集》的最新一卷，一页一页地翻阅，收集所有关于让与担保、买回、再买卖预约的判例，并进行复印和分析（这确实需要占用大量的时间）。

在早稻田大学图书馆的帝国法院判例集 RGZ（Entscheidungen des Reichsgerichts in Civilsachen）中，我也找到了德国帝国法院的判例（其结果几乎没有遗漏日本和德国关于让与担保的判例）。

另外，作为历史考证，对德川时代的公事方御定书的担保条款的分析起到了很大的作用，也查明了这些历史事实是如何被法制史学者和民法学者草率解释的。

也许是因为我的研究领域是担保制度，一个横跨经济和法律的特殊领域[有关我的硕士论文，见后文Ⅳ②（1）（第45页）]，研究论证借助了对这种"非典型"担保的实际情况的阐明，从历史角度、经济学角度的检验，从比较法角度的研究等方法。

（3）"假说"→"论证"过程（学术论文的精髓！）

如上所述，<u>所谓"假说"，是一种研究完成后得到的成果，并且是可以确信地加以主张的事理（个人见解）。而撰写学术论文的目的，就是要将这种作为个人观点的"假说"，以恰当的方式作公开的论证</u>，使其为学界所公认。学术论文的精髓就在于此。学位论文，就是其中最为典型的代表。

III 逻辑展开与以文服人
——论证假说的技术

1 "起·承·转·结"的逻辑构成是什么？

(1) 什么是"起·承·转·结"？

从小学开始，我们就被教授了文章写作的技巧："起、承、转、结"。这是律诗的绝句作法，也即①首先，作为故事的统帅，提起某件事情（起句）；②其次，说明关于那件事情的属性等（承句）；③再次，把话题的脉络转向无关之事（转句）；④最后，对起句所确立之事，依循转句收束（结句）。

大阪大学的冈昭浩教授说，"起、承、转、结"的例子有许多，而大家所熟知的"织布女用眼睛杀人"的例子，据说是赖山阳给学生讲的。不过，下面关于"大阪本町织布女"，据说也有叫作"京都三条织布女"的（这刊载在2005年10月17日的网页上，但现在好像已经被关闭了)。

> 大阪本町 织家女儿
> 姐姐十六 妹妹十四
> 诸国大名 弓箭称霸
> 织家姐妹 眼波销魂

①首先,起笔写"织布女"(起句);②其次,承接起句,说到了织布女是一对姐妹(承句);③再次,提到了和织布女没有任何关系的诸国大名*(转句);④最后,再次提到起句引出的"织布女",在转句所提及的事情的基础上(建立联系),以"眼波销魂"这一特征来结束(结句)。

确实是绝妙又"精巧"的表达。这一首绝句恐怕并不是描述两个真实的织布女,而是描述"美女通过暗送秋波迷住男人的普遍情况"。

(2) 新闻类文章的表现形式

在新闻报道中,为了起到对大众的有效宣传,经常会使用严格遵守"起、承、转、结"的文章。下面的例子便是其中之一,不过,也并非没有问题。

> 【"起·承·转·结"?】
> 〔标题〕印度4岁女童遭强奸身亡 — 35岁男子认罪
> 〔第一段〕新德里(CNN)印度中西部马哈拉施特拉邦那格浦尔的警察当局于本月1号发表声明,一名4岁女童遭到强奸,并在送往医院的路上因心脏病突发而死亡。
> 〔第二段〕一名35岁男子因性暴力犯罪等被逮捕。他对犯罪行为供认不讳。但动机尚不明确。

---

* 所谓"大名",是日本古时封建制度对领主的称呼。——译者注

〔第三段〕在印度,去年年末,首都新德里的公共巴士上发生了女学生(时年 23 岁)被集体强奸,最终在新加坡的医院死亡的事件。这一事件发生后,女性遭受强奸和强奸未遂事件也在各地浮出水面,引发了不断扩大的抗议活动。

〔第四段〕据那格浦尔的警察当局称,该 4 岁女童于 4 月 17 日在该州甘萨乌尔镇被绑架,家人在第二天发现了失去意识、头部遭受重伤的女童。该女童在被送往镇上的医院,用人工呼吸装置等继续治疗后去世。

〔第五段〕上周,印度首都新德里还发生了一起强奸 5 岁女童的案件,2 名嫌疑人因此被捕。

〔第六段〕去年年底首都集体强奸案发生后,该国国内不断发生强奸女性和强奸未遂的事件,导致抗议活动扩大。亚洲的人权团体最近发布了关于印度儿童强奸事件的报告书,指出在 2001—2011 年间共发生了 48338 件。并从 2001 年的 2113 件激增到 2011 年的 7112 件。(CNN.co.jp 2013 年 5 月 2 日。〔〕内的标注为笔者所加)

上述为新闻报道,其标题为:"印度 4 岁女童遭强奸身亡——35 岁男子认罪"。如果从上往下依次读的话,〔第一段〕是"起句",〔第二段〕是"承句",〔第三段〕叙述的是与〔第一段〕〔第二段〕无关的事情,所以姑且算是"转句",而〔第四段〕叙述了〔第一段〕〔第二段〕(主题)的结局,所以可以算是"结句"。

至此,〔第三段〕虽然是与主题无关的事情,但由于起到了补充主题的作用,并有加深印象的效果,所以可以说是有效的"转句"。因而,到此为止,所采用的便是新闻业中常见的"起、承、转、结"的形式。

但是,〔第五段〕〔第六段〕罗列了与主题完全无关的事情。归根结底,各段落的主张是"各自为政"的,仅仅是拿印度强奸案说事,而没有采取"起、承、转、结"的形式有效地阐述"主题"。当然,因为是处理时事问题的报道,所以要求这种形式本身也是不合理的。

但是,如果是这样的话,由于标题是"印度4岁女童遭强奸身亡——35岁男子认罪",所以如果先按照〔第一段〕→〔第二段〕→〔第四段〕的顺序叙述其内容,然后将与主题类似的普遍性事件以〔第三段〕→〔第五段〕→〔第六段〕的顺序继续展开的话,可能整体的印象也会更好。

一般而言,记者使用的文章都采用这样一种表现形式:首先,通过在表达上下功夫的"标题"来吸引大众;其次,叙述该事件的概要;再次(脱离本事件),提及发生了同样的事件(并且,刊载过去的类似事件和专家意见);最后,作为本事件的结尾,这样的事件是作为现在的社会问题而产生的。特别是,由于使用了"转句",因此是能起到有效的社会宣传的表达方式。

(3)不适合于学术性逻辑的展开!

那么,上述"起、承、转、结"能否作为学术逻辑的展开呢?答案是"NO!"。律诗、绝句是一种修辞(修辞法),是诉诸听者(读者)的"感性"(sensibility)的最有效的修辞。但由于学术逻辑所诉诸的是"理性"而非"感性",因此手法的效果并不相同。

这种四言绝句,从学术逻辑的展开这一角度来看,存在几个问题。首先,转句因为与承句完全没有关系,所以在学术逻辑上是不必要的。其次,这也许是"织布女"中所特有的,在结句中,并不是谈论起句的中心"织布女"的性格和属性,而是谈论(思考)美女的普遍特性,因此无关乎"假说"(起句)论证的逻辑展开。最后,结句还营造了转句所引出的"出奇"效果,但学术论文的"结语"部分并不是要说什么离奇古怪的话,而是通过论证来阐述"假说的正当性"就足够了,所以不能把它等同于绝句中的结句。

2 学术论文所必要的逻辑构成

如前所述,学术论文是将作为所获得的一定研究成果的"假说"确信地发表于世的文章。因为是研究者个人的文章,所以在表达等方面没有特别的规定,但是,关于逻辑展开和文章表达,确实存在一定的方法,这也是事实。在此,首先,叙述有关假说论证的逻辑展开的方法[关于文章表达的技巧,将在后面的第二编"文章的写法"(第57页)中处理]。

学术论文的逻辑展开,主要有以下三个要点。

(1)"假说"的设定

所谓"假说",是通过一系列研究得出的暂定的个人见解。因此,假说在内容上与"结论"相同。因为要向社会和学术界确信地论证和证明"假说"是正确的,从学术论文的发表来看,就必须进行一定程度的研究,才能形成"假说"[见前文Ⅱ2(1)(第24页)]。

这一部分,就论文而言,相当于"序论"。因而,在此必须先阐述是在怎样的问题意识下,所产生的怎样的"假说"。关于这一点,对于解释论的论文来说,就需要明确以往的学说和判例是如何考虑的,以及其到达点;对于处理制度论的论文来说,就必须明确以往的思考方法和进路与自己的不同之处。

不过,上文曾提到,为了对"假说"形成确信,就必须先进行研究,但最近,在研究生发表的机关报论文中,违反这一原则的连载文章也很多。如果是将已经全部完成写作的论文分割连载,自然另当别论,但依次发表完成部分的"进行型"发表①,在研究生阶段是不被允许的。因为假说及其论证过程还没有明确地确定下来。在写作的时候,对于自己的思维方式和逻辑展开方式,通常会有新的发现。在这种情况下,就有必要改变论证的方法,或者进行大幅度地路径修正。根据我的经验,没有一篇论文在写作过程中,可以不改变论证或修正路径。然而,连载文章不可能修改已经发表的部分,因此,堪称研究生"命根"的论文也就可能泡汤了。鉴于此,早稻田大学法学研究科规定,研究生因字数限制必须连载论文时,如果没有全部完成,将不接受其申请(已经完成的论文要连载却是可能的)。

(2)假说的"论证"

那么,接下来,如何论证"假说"呢?这是最重要的部分,也是决定论文价值的地方。所谓"如何"(方法),根据论文所涉及的主题不同,不能一概而论,但如前所述,无非就是运用所有符合主题的方法进行讨论,如逻辑验证,与判例和理论学说的关系,法社会学的验证,比较法的考察等[见前文 II 3 (1) (第 26 页)]。

那么,这个"逻辑展开"(论证过程)部分,从"起、承、转、结"

---

① 日本的"畅销"小说家在晚报上的连载就是典型例子,但弗朗茨·卡夫卡等人在写一部小说时,往往经过了长达两年的缜密构思,因此两者是有很大不同的。

来看,勉强可算作"承句"和"转句"的部分,但是这样的意识是不必要的。

重要的是,对于"假说"中提出的"自己独到的见解",例如,理论上确实如此,从法社会学的分析来看,假说是正确的,与外国法进行比较,假说也是妥当的等等,<u>对于每个论证部分,都要把握好与假说的关系,推导出假说的正当性和妥当性</u>,这就是"假说的论证"。

(3)"归结"(表明这是独到的观点)

"归结"在论文中是"结论"部分,但这并不是"起、承、转、结"中所说的"结句"。正如前面的例子所示,结句引出了一些"新东西"。但是,学术论文中的"结论"和最初提出的"假说"是一样的,因为"假说"本身就是自己的研究成果(独到的见解)。因此,在这一部分中,我们只需要说明,是出于一定的目的提出的"假说",然后通过文章所示的论证过程进行论证,其结论是假说具有学术上的正当性。

这一部分,在文章中,也与"序论"的叙述有重合之处,但这不足为奇。反之,切忌因"序论"中已经有所阐述,便将其略去。喋喋不休的论证是不必要的,但由于论文的审查员会相当关注结论部分,因此最好进行仔细说明。

3 以文服人

学术论文是通过文章来表达的,其目的是面向相同专业领域的研究者,提出作为新洞见的假说(自己的学说),并使之得到公共承认。因此,论文的内容和自己学说的理论展开必须<u>一目了然</u>。简而言之,就是"以文服人"。为了使文章的说服奏效,有必要特别注意以下几点(另外,关于具体的"文章的写法",将在后面的第二编中详细论述)。

(1)保证文章"简洁明了且通俗易懂"!

因为学术论文是通过文章来表达假说(自己的学说),并说服读者的,所以不需要是华丽的辞藻,也不需要是凝练的文章。① 必要的只是,"简洁明了且通俗易懂"。也就是说,<u>文章中所表达的内容和逻辑构成得是"一目了然"的</u>。所谓"一目了然",无外乎以下两点。

(a)行文正确

第一,必须"<u>行文</u>"准确。所谓"准确",是指在语法上是正确的,即主语、谓语、宾语、修饰语、接续语等,都能依循语法。

(b)"表述"明确

第二,句子的"<u>表述</u>"必须明确。要避免在意义上可能出现歧义的表达,或一个句子中包含连续 1~2 页的判决书(特别是大审院判决)等,不知道在说些什么的文章。② 科学类(自然科学·社会科学)论文,既然肩负着"论证假说"的使命,<u>那么在假说和论证的展开中,就不能因为文字表达而造成歧义和误解</u>。

---

① 在法学家中,福岛正夫博士以文章凝练而闻名。他的表达,甚至称得上是文学了吧。

② 顺带一提,〔日〕岩淵悦太郎編著『悪文 [第 3 版] 』(日本評論社,1979 年)75 頁参照。 判决书可以称得上是"拙劣之文的冠军"。这一点在后面的第二编中还会提到。

综上所述,科学类论文要求"内容清晰,句子结构简明",因而写出"简洁易懂"的文章就变得势在必行了。

但是,关于"文章表达"还想说一下,以上这些都是关于科学类论文的要求,对于人文类文章则不适用。在试图通过这些"文字和语言"来表达情感和情趣的小说和散文等"人文类"文章中,因为它们必须与其所处时代的"口语"(作为社会文化的表达方式)融为一体,所以作者有其固定的表达和说话方式,反过来,在其中含有巨大的创造性价值。① 这和科学系论文中,所赋予"行文"的意义是不一样的。在学术论文中,我们必须承认它与这样的表达价值无关。

那么,想要写出"简洁明了"的文章,具体要怎么做呢?这恐怕是很多人关心的问题。关于该文章表达的技巧,将在后面的"第二编'文章的写法'"中详细论述。

(2)保证文章表达的客观性!

由于学术论文是客观地表达逻辑正当性的文章,因此其文章的表达也必须具备客观性。

但是,最近在学术论文中,在评价他人著作时,有时会看到"优秀""高度评价""精彩"等主观的、感性的形容词和修饰语。学术论文是在一定的论据下提出一定的结论,因此,如果其论证和结论具有创造性,就会被评价为具有学术价值,后辈学者必须"怀有敬意"地对之加以引用。此时,重要的是客观地指出该被引论文具有这种创造性价值这一事实即可,而无须带有主观色彩的

---

① 〔日〕丹羽文雄『小説作法』(角川書店, 1965 年) 117-129 頁参照。

评价。

　　在只注重客观性的学术场合中,上述主观的、感性的文字表达有时会被认为是"对前辈老师的恭维"或"同辈之间的吹捧"(事实上,这种表达确实具有浓厚的这种成分)。而这不仅会让读者厌烦,还会让论文的学术价值减损。

　　当时,我的指导教授曾告诫道,在论文中不能使用这种主观性的形容词和修饰语。最近,难道已经没有这样的指导了吗?总之,必须在心中牢记,在学术论文中,尽可能地不要使用形容词和修饰语。

　　此外,这是在学术论文中进行引用(作为自己学说的根据)时的问题,至于在对论文的评论或学位论文的审查报告书中,则不影响其使用。因为这些都是具有其他目的地对论文的评价,而不是论文本身。

　　可以说,上述情况,对于作为以客观性为宗旨的学术论文中的文章表达方式来说,是不恰当的。

4　标题的命名方法

　　学术论文的标题(题目),最好简洁并能恰当地表达研究内容。用标题来表达内容,虽然也能看到横跨两行的情况,但事实上,只能说是喜好的问题。我觉得比较短的标题,会给人较好的印象。

　　如上所述[Ⅰ Ⅰ(2)(b)(第5页)],在硕士论文和博士论文等中,"关于……的综合考察"和"关于……的一个考察"等的标题是不恰当的。因为学术论文有其特定使命,即提出一个假说并对之进行论证,绝不是综合地、笼统地进行论述,也不是单纯的考察。因此,标题必须在某种程度上表达研究内容。

另外,除主标题之外,还可以附加副标题。"……的相关比较研究"或者"关于……的实证分析"等,这是为了在某种程度上清楚地说明用简洁的主标题无法表达的内容,是很好的做法。因为对于读者来说,也可以事先把研究内容和研究方法刻在脑子里。但是,如果以上述的"关于……的综合考察"和"关于……的一个考察"为主标题,再加上这样的副标题,就没有意义了。与其如此,还不如去避免主标题的模糊性。

Ⅳ "研究计划"与资料收集·数据管理

1 "研究计划"的制定方法

(1) 研究具有"时间限制"

在确定研究"主题"后,必须制定"研究计划"。这种研究计划,主要是要考虑时间上的计划,但是,不仅仅是硕士论文和博士论文,哪怕是讨论课论文、结业论文,或者是受杂志社委托的稿件,都同样存在"时间上的限制"。几乎所有的论文,都要求必须在一定的时间限制内,令人满意地加以完成。因为时间不是无限的,从某种意义上说,这就成了一场"与时间的斗争"。也就是说,研究计划的要诀是对时间的管理。

为此,篠塚昭次名誉教授在给研究生上课时,特别提醒道,"研究是有时间限制的"。我认为,这句话的宗旨是,"在一定的时间限制内写出的论文",因为当时要一跃成为学者的"龙门"极其狭窄,所以也暗示了与其他学生之间的竞争。不管怎样,我一直铭记教授"研究是有时间限制的"这一提醒,现在在对学生的指导中也会强调。

因为无论是就业状况还是发表论文的机会,对于研究生来说,现在的条件都要好得多,所以,"必须在时间的限制下写作"的意识就降低了(当时,研究生每年发表论文的机会大概只有1次,但现在却有3~4次,因此会有"这次不能发表还有下次"这样的天真意识)。但是,必须在时间的限制下写作的研究论文,将成为第三者的某种评价的对象,这是事实,而且从某种意义上来说,也可能决定自己的命运。这样想来,就不能那么悠闲地思考,需要知道如何在"时间"这个框框内写出完成度高的论文的重要性。

细细想来,立志成为学者的人的能力大同小异,都会写出一两篇人人瞩目的论文。只是论文的写作能否经年累月地持续,就因人而异了。这多半就是因为时间的使用方法不同。

(2)研究生院制度中的限制

在古代,在那个平民的知识水平低下、崇尚智者的时代,"做学问"从来没有年龄限制,"做学问"本身就被认为是可贵的。随着市民的教育知识水平的提高,学历开始具有一定的社会作用(就业条件等),学问的意义就发生了变化。学问也只是人生的一个途经点,作为学问之府的研究生院,离开结业者的"就业",也就无立身之处了。顺便说一句,从招聘方(大学、企业、政府机关等)的角度来看,在"现有的人事体系"(其中许多是"论资排辈的人事体系")下,将年长的学位取得者作为"新手教员或者公司职员"招聘而使其位列现有之年轻人才之后的做法,实际上即便从"人事政策"的角度来看,也很难获得认可。

另外,考虑到日本文部省·文部科学省的研究生教育政策等,在现在的研究生院制度下,不会因为喜欢学问就能够悠闲地享受研究生活。因为教育政策的基本态度是,尽可能早地让学生获得学位并就业。

而即便抛开这样的现实,研究生院对于硕士课程和博士课程论文的提交时间也是有一定限制的。

(a)关于硕士论文的提交

硕士课程的标准修读年限是2年(《研究生院设置基准》第3条第2款,各大学的研究生院学则。但是,对于"取得优异成绩者"为1年)。在学期间可以延长至4年。如此一来,按照标准的情形,需要在硕士课程1年级结束前确定选题和假说,在2年级的学年内完成论文。又因为硕士课程要修满30学分左右的科目,所以不能全身心地投入论文写作中。因此,从时间关系来看,需要周密的"研究计划"。

(b)关于课程博士论文的提交

博士后期课程的标准修读年限是3年(《研究生院设置基准》第4条第3款,各大学的研究生院学则。但是,对于"取得优异成绩者"为1年)。在学期间可以延长至6年。并且,"课程博士"的论文,"自退学之日起3年以内"可以提交(各研究生院的规定),最长可以在"自博士后期课程入学起9年"内完成论文并申请学位。

在此期间内未申请者,须转为申请下文"非课程博士学位"(论文博士),但必须注意两者审查程序有所不同。

(c)关于非课程博士论文的提交

对于论文博士(乙号论文)申请博士学位来说,因为本来就没有课程,所以没有提交期限。无论何时,都可以通过提交论文申请学位。如上所述,"除了有关课程博士的规定,对于提交了博士论文且经审查及考试合格,并被确认与顺利完成专业学术相关课程的人一样,拥有广泛学识的人,也可以被授予博士学位"(各研究生院学则)。

但即便如此,也不能忽视时间上的计划性(这也关系到自己的人生规划)。因此,必须清楚地知道,"研究总是伴随着时间限制的"。

2 资料的收集

(1)通常需要预先收集所有的资料

在确定主题(应采取的论点)后,必须集中精力收集与主题相关的资料和数据。有志于从事研究工作的学生,可能平时就会收集自己所关心的题目的相关论文、判例、经济数据、剪报等,想必能够理解这项工作的重要性。但是,即便如此,关于具体主题的资料,在硕士课程中,大概也得有半年以上的时间要忙于这项工作。另外,在写作过程中也必须随时收集和检查资料。

虽然是个人的事,但我对经济、金融的社会性功能很感兴趣,所以从本科4年级开始,就会剪裁有关经济和法律的新闻报道。最终所收集的数据量庞大。虽然当时对于为什么要做那样的事没有明确的目的,但心想既然开始了就不能停下来,所以就把剪裁新闻报纸当成了日常习惯。

但是，1984年从德国留学结束回日本的时候，当时筑波大学的椿寿夫教授对我说："在日本，可以看到从有担保主义向无担保主义的转变，要不要试着研究看看呢？"于是便着手研究［1983年左右的日本企业在海外（特别是瑞士市场）的举债热潮令人瞠目结舌，德国的报纸对此也进行了大量的报道，所以不难理解椿教授的意思］。作为成果，《有担保主义的动摇和"信用"问题（一）》一文于1988年发表在了早稻田法学第63卷第4号上（至本书出版的2022年仍未完结），并将其要点整理成《无担保金融的意义和问题点》一文刊登在了《金融·商事判例》第794号上。这一研究还以"担保物权法的课题·有担保主义的动摇"这一总论性的题目收录于1991年椿寿夫编著的《担保物权法》（现代民法讲义3·法律文化社），尽管可能不适合作为民法教科书的内容。事实上，这一"从有担保主义到无担保主义"题目的基础材料正是上述的"剪报"。当时不经意间就剪下来的东西，如今却以这样的形式发挥作用，连我自己都很惊讶①（持续了30多年的剪报工作，现在已经停止了，但那些剪下来的报纸还留在研究室的角落里）。

此外，我的硕士论文的题目是"让与担保的基础理论"，但却并不是着眼于解释论，而是想探讨"让与担保"这种非典型的金融手段是如何在日本（或世界上的）资本主义经济中，在与典型的担

---

① 在大约25年后的2015年，某出版社的编辑人员委托我以这篇论文为基础重新写一篇《有担保主义的动摇与信用论》。从最近发生的世界金融危机来看，这种研究具有相当重要的作用。由于作为核心信息源的新闻剪报工作已经停止了，所以这一委托几乎不可能完成了，但是通过不同种类的论文掀起一场风波，这一点我很自豪。

保制度的关系上产生和发展起来的。这是因为,从经济学的理论来看,担保制度是资本主义经济中扩大商品生产过程,以及稳定消费过程所必需的创造"信用"的手段。但是,既然会导致获取暴利的非典型担保(让与担保)也是其中的一部分,那么它又承担着怎样的职能呢？我对此很感兴趣。

因此,该文以资本主义发展过程的分段性经济理论与私法发展的对应关系理论[主要是福岛正夫博士的模型(Schema)]为依据,考察了各个阶段中金融担保制度与"让与担保"形态的关系。因为是硕士论文所以没有被公开,于是对具体的内容(项目)等,作如下展示。

【我的硕士论文"让与担保的基础理论"】

Ⅰ 序论

Ⅱ 让与担保概念的确定与昭和8年4月26日大审院判决的意义

Ⅲ 让与担保的使用现状(使用情况)

Ⅳ 作为让与担保制度基础的信用经济构造分析

Ⅴ 资本主义的发展过程与担保制度史上让与担保的位置

〔A〕资本原始积累期的担保制度和让与担保

〔B〕产业资本确立期的担保制度和让与担保

〔C〕垄断资本主义时期的担保制度和让与担保

〔D〕资本主义的普遍性危机中的担保制度和让与担保

〔E〕战时经济中的担保制度和让与担保

〔F〕战后的资本主义经济中的担保制度和让与担保

Ⅵ 结语

在这里,主要运用了有关经济学(经济理论和产业经济史)和法制史(封建时代和明治初期的各种立法)的资料。为此,收集了

与民法领域相去甚远的资料。并且,在进入博士课程,正式展开让与担保的解释论时,穷尽了所有关于日本和德国的让与担保的判例[参照前文Ⅱ ③(2)(第26页)]。

(2)通过网络收集

现在要收集信息、资料,首先会想到利用网络。只是关于这些和 IT 有关的知识,想来作为读者的研究生们要比我知道得多得多,因此,旧版中所述的相关部分,没有太大意义,在此予以删除。

但是,有一点必须注意的是,多多少少还是存在不能使用互联网 Wi-Fi 的地区、场所撰写论文,或者突然需要特定的资料的情形。即使把资料收藏在云盘中,由于关键的网络不能使用,也只能束手无策。因为我经常去那样的地区(日本的乡下和东亚的其他地区),所以收集的资料一般用 USB 等来保存携带。关于这一点,将在后面的"数据的管理"部分中进行说明。

(3)养成记录"灵感"的习惯!

回首往事,我觉得,论文写作的大部分时间都花在了资料收集上。然而,只要不断地进行这样的收集工作,自然就会冒出一些想法。这些想法是很宝贵的。但是,如果想着"以后再记笔记就好了",那么可能马上就会忘记。因此,我总是把圆珠笔和便条放在口袋里。

大体上,重要的想法往往是在离开书桌的时候才浮现出来的。在坐电车的时候,或者是翻来覆去睡不着的时候,反复思考脑子里挥之不去的某件事,就会涌现不错的想法。这时,如果不马上记下来的话,就又会忘记掉。至今难忘的是,我在攻读博士学位期间,在从大泉学园开往新宿的巴士上,抓住车上吊环时脑海中所浮现出的想法。这成为之后一篇论文的框架。

我的指导教授是早稻田大学的名誉教授高岛平藏先生。听说他的指导教授中村宗雄先生给了他一本带圆珠笔的记事本。那是一种拔出圆珠笔就能照亮记事本的好东西,高岛先生总是把它放在枕边。

所谓的想法,并不是坐在书桌前就会产生的。突然想到重要事情的情况也很多,但是就这样置之不理的话忘得也很快。因此,最好养成总是"记笔记的习惯"。

3 数据的管理

(1) 数据管理的重要性

篠塚昭次教授在研究生院的授课中,提出上述的"研究是有时间限制的"这一命题的同时,还劝告说"在论文写作期间,文章原稿要经常放在包里随身携带"。

这是因为,如果原稿丢失(例如,在火灾中被烧毁),便无法提交论文,这将是致命的损失。当时和现在不同,当时的论文是用钢笔在每张 200 字的稿纸上进行写作的,所以"独一无二"的稿子一旦丢失,就要靠着记忆来重新写作。但是,完整再现几乎不可能。

虽然不知道篠塚教授是否意识到了这一点,但当时有一个不成文的要求,即在博士课程的 3 年时间内至少要在大学内部的机关杂志上发表 2 篇以上的论文。这就像是一种就业惯例,没有发表两篇以上的论文,就不会被推荐。与现在不同的是,那时要找到一个研究岗位并不容易。如此想来,若因自己的疏忽或不可抗力而失去这样的机会,那无疑是致命的。

但在现代,原稿几乎是以数字文档的形式传递的,因此完全没有这种必要。只是未完成的、还在校对阶段的原稿,也还总是想放在包里随身携带。因为原稿很多时候都写得很杂乱,往往需要通过反复地阅读推敲,来不断地更新完善。很多时候,只有通过重读稿件才能意识到存在习惯性的表达方式,以及逻辑展开的不合理之处。

另外,原稿的"校样"制作完成时,会感受到一种格外的喜悦。这正是默默书写的东西得以具象化的时候。也许这就是研究者的"一个人的狂欢"吧。而且,在咖啡厅等场所浪费的"零零碎碎"时间,也许是仔细检查校样的最佳时间和场所。总之,对于还在写作中的原稿和校样,一定要注意保管,绝对不要丢失,并且在此期间要反复进行充分的推敲。

(2) 文献卡片、研究笔记的利用?

那么,为想要研究的题目所收集的大量资料,要如何进行管理并作为论文的基础资料来使用呢?这才是问题之所在。

以前(没有电脑的时候),京都大学式的卡片很流行。每张卡片都只有 B5 的一半大小,1 张卡片就用来记录 1 个数据。在法学院,用这个方法进行案例收集(被认为是)比较方便的。因此,我也用这种方法逐一手写记录判例和文献中的要点,制作了大量的卡片·数据。

但是,使用这种方法,第一,必须手抄文献,不至于成为无用功。第二,如果想把它分到论文的各个章节使用,那么就必须再次在稿纸上手写,这就导致同一个东西要写两次,后面这次就显得有点笨拙了。

正因如此,我不再使用这个方法。而是又回到一种完全古典的(或武断的)方法,即用红铅笔彻底地标记所参照的书籍或复印文献的重要部分,并贴上一层又一层的便笺,将其堆叠在桌子周围的每一个地方,然后在相关的场合一边参考它们一边来写作。归根结底,是在自己简单的笔记和记忆的基础上,进行写作的一种方法。然而,前提是论文的逻辑构成相关的"蓝图",需要在纸上反复重写。即使是在频繁使用电脑的今天,在写作时也只是把钢笔换成了电脑,关于论文的蓝图制定和资料的参照等,基本上还是和以前一样。

(3)用电脑来管理

在电脑使数据的使用和管理变得简单了的今天,年轻的研究人员不再需要依赖使用卡片等古典的方法,而应该积极地使用电子设备。那么,应该如何利用电脑进行数据管理呢?我想大概有以下两种使用方法:

第一,是通过云计算的使用方法。这是一种将资料等全部存储在云盘中,在合适的终端上使用时从中进行提取的方法。但是,其前提必须是自己总是在能够联网的环境中。

第二,是单机使用的方法。这是将自己的电脑不与互联网相连接,而是在单机使用的情况下,通过 USB 或 SD 卡等将资料存储起来,并从中取放的方法。在没有互联网环境的情况下,就只能使用这个方法了。

"我经常去外国或外地,那时不一定能很容易地连接到互联网上(寻找网络连接也是相当麻烦的事情),所以主要是用第二种方法对资料等进行管理。因此,往往会随身携带 4~5 张大容量的 USB 和 SD 卡。其中不仅有自己的全部作品,还有大部分的法律、整个民法领域的判例等必要资料。"这是本书初版(2011 年)中写到的。

在本书 5 年后的第二版(2016 年)中,由于云盘的便利和普及,所以即使由于主机发生系统错误导致发生数据泄露,也不会造成太大的不利影响。我除了大学签约的 box,还使用了其他多个云盘,但在不能使用 Wi-Fi 的地方依然会感到不方便,不过因为随身携带了一个备份的 U 盘,所以问题也不大。

在此后退还研究室的时候,我将研究室中约 1/3 的书籍·文献变成了 PDF,文献数也超过了 1 万件,容量也超过了 150 千兆。如果把这些 PDF 全部上传云端,费用会很高,考虑到这些文献并不是频繁使用,云端也并非那么方便。于是,将所有的文献和资料都放入了大容量的 SSD·USB 中。这种方法一插到电脑上就能用,而且比存储在云盘中更省事省钱。当然,在有 Wi-Fi 的地方,我也会随时"开启"云盘的使用。

使用电脑最大的问题是:①硬盘崩溃;②由于闪退而导致写作中的文章丢失。关于①,因为有过一次惨痛的经历,所以把硬盘做成了镜像结构。现在已经不这样做了,而是通过把启动盘做成 SSD 来加以避免。②对于我们的职业来说,是一个重大问题。比如电子打字机有自动备份功能,通常间隔为 10 分钟。但是,在这 10 分钟内写的文章丢失时,即使通过回忆也很难正确地再现文章。自动备份的间隔在 3 分钟左右就好多了,但是每次备份功能运作时,电脑就会变慢,日语转换功能也会有细微的偏差,这是一大难点。闪退主要发生在内存不足时,如长时间使用或启动多个软件等。简单的处理方法就是提升内存,一般在提升到 32 千兆之后,就不怎么发生了。

顺便说一下,我所使用的电脑是自己组装的,现在是第 6 代了。以"最强·最快"为目标,虽然也有相应的装备,但一定要推荐使用双显示器。24 英寸的显示器可以轻松容纳 2 张 A4 纸,2 台显示器就可以同时容纳 4 张。如果内存较大的话,就可以经常同时打开 10 个或 20 个文档,这在写作工作中会比较方便。

(4)以电子文件的形式存储

如何保管通过网络收集得来的资料(文献、案例、图像、影像等)和使用过的纸质资料(硬盘拷贝文献)呢? 不是进行原物保管,而是以数字文件的形式进行保管。

在文字数据的情况下,如果能够预想到马上就会再利用的话,可以保持 Word 文件形式和 Excel 文件形式。因为可以复制粘贴。

如果不是这样的话,PDF 文件就很方便了,上面说了我把研究室 1/3 一的书做成了 PDF,但是因为没有保管场所,自然而然原件就被废弃了。于是,我以为这份文献应该在研究室的某个地方,但就是怎么找也找不到。结果,不是到图书馆里复印同一个文献,就是重新购买,这样的情况有过几次。恐怕有不少学者,也有过同样的经历。在这一点上,如果保存成数字文件的话,在想要检索(参见下面的 4)的时候，只要一键就能找到，是非常方便的。

4 "检索"——检索资料是至关重要的！

用上述方法，集腋成裘地收集资料的话，其数量也会超过千位。这就涉及在特定主题的论文中如何使用的问题。束之高阁的资料和抛之脑后的资料是没有价值的，因此收集到的资料要考虑如何加以使用并保管。

一是保管(管理)的方法。对于资料的保管来说，不需要特殊的软件，系统自带的资源管理器(使用 Windows 的情况下)就足够了。而且，很多人会给文件夹起个名字，按文件夹进行整理。我的专业是民法及其相关领域，所以我的大文件夹有"总则""物权""担保""债权""亲属""继承"，除此之外，我还建立了"证券化""NPM"(New Public Management)"第三条道路·共生""法制史""德国法"等文件夹，并在其下级适当地建立小文件夹，再放入资料。

二是以"检索"为前提的保管。这一点很重要。即使将数千个 PDF 和 Word 文档分为几个文件夹来保管，也不会有人能够通过浏览其目录来找到目标文件吧。因此，一般情况下通过"检索"功能来进行搜索会比较方便。虽然 Windows 的检索功能很优秀，但是，检索所能做的是使目标命中，所以锁定目标的方法是关键。因此，不要拘泥于文件和文件夹的标题，而是要用目标用语来替换标题。此外，标题也要尽量简短，这样才能一目了然。

不管怎么说，数字文件将达到一个庞大的数量，所以"检索就是其生命！"，检索不到的资料是毫无价值的。最好能制定自己的固定规则，边整理边收集，以方便后期检索。不过，虽说资料的"检索就是其生命！"，但最基本的还是自己的"记忆"。

第二编

文章的写法——文章表达的技巧

1　文章表达手法的多样性与修辞法（Rhetoric）

(1) 文章表达手法的多样性

学术论文通过文字来表达自己的观点,既然是以给他人阅读为前提的,那文章就必须简洁明了、通俗易懂。所谓"简洁明了且通俗易懂",如前所述:①"行文正确"（主语、谓语、宾语、修饰语、接续语等,均符合语法要求）;②"表述明确"（要避免文章发生歧义以及词不达意的情况）。[参见第一编Ⅲ ③(1)（第38页）]。

但是,文章是个人主观意志的表达,所以不同的人就会有不同的表达方式,也就不存在"绝对正确的表达"或者"应该这样表达"的说法。如果有的话,这样的表达正是被认为不正确的"拙劣之文"。① 因此,下面将通过列举实际存在的"拙劣之文"的典型例子,来展示"简洁易懂的文章"的写法。

(2) 修辞的必要性

另外,虽然文章是个人表达的产物,而不存在"必须这样"的说法,但对于读者来说,比起老掉牙的表达,口语化的、有节奏的文章总是更好懂,也更容易给人留下印象。因此,作者应该注意更有效的文章表达。这便需要文章的修辞了。

所谓修辞是指在用语言表达某一事物时,比起单纯的词汇堆砌,能够更有效地运用语言来向读者诉说感情和心理活动的表达技巧。因此,本书将从修辞的视角出发,思考法学·社科类文章的表达技巧。

2 文章的风格

(1) 养成把句子缩短的习惯!

句子越长,离"简洁易懂"就越远。长句子之所以被认为是"拙劣之文"的典型,是因为句子变长后,主语、谓语的关系会变得模糊,修饰语也不知道与哪一个相关联,因此句子整体上说的是什么也就变得不清楚了。这样一来,就会发生读者的思维跟不上的情况。

---

① 〔日〕岩淵悦太郎編著『悪文 [第3版]』(日本評論社,1979年),就是从这样的设想出发,写就的文章表达指导书。

句子之所以会很长，往往是因为对写文章生疏的人，会在一个句子里把想到的若干事项全都放进去。但是，由于自身表达能力差导致句子内部条理不清楚，结果使这个句子最想说的是什么都变得不清不楚了。

短句之所以"简洁易懂"，是因为表达直截了当，句子结构简单。这样说来，把句子缩短才是最为重要的。而且，避免长句的唯一方法是，多用接续词，并养成缩短句子的习惯。那么，与此相反的句子到底有多难懂呢？下面就举些拙劣之文的例子。

首先是作为公文的"法律"条文。因为法律是人民生活的规范，所以应该把法律制定成每个人都能读懂。

> [例1](条文)"从事与因视力障碍或其他障碍而难以识别视觉表达者(以下本款和第一百零二条第四款将之简称为'视力障碍者等')的福利相关事业者中经政令规定者，在以视觉识别其表达的方式(包括视觉和其他知觉识别的方式)向公众提供或呈现公开发表的作品时(包括该作品以外的作品，在该作品中复制的或与该作品作为一体提供或者呈现的作品，本款和该条第四款以下简称'视觉作品')，在为了以视力障碍者专属的方式难以使用该视觉作品的人能够使用所必要的限度内，可以将与该视觉作品有关的文字制作成声音或其他为视力障碍者等使用所必需的方式，来进行复制或向公众传输。但该视觉作品是由著作权人、经其许可的人、第七十九条的出版权设定人、得到其复制许可或者公众传输许可的人，以该方式向公众提供或者呈现的除外。"(日本著作权法第37条第3款)

下划虚线是笔者为了方便展示附加括号的修饰方法而添加的。这句话使用了中止法和接续词等来排列多个句子，字数也接近于400字。当然，由于专家和法学家已经对内容有所把握，只要循序渐进地阅读,也就没有什么不能理解的地方。

后面提到的〔例43〕虽然不是严格的法律,而是行政命令,但也是一个复杂的条文,在其中使用了大量的括号,而〔例39〕则由于频繁地使用"或"这一接续词,而变得非常复杂。问题是,既然法律是为国民服务的,那么就应该通俗易懂,难道立法机关就只能作这样复杂的文字表达吗?在众多法律中,《刑法》条文,堪称简明扼要,通俗易懂。民事和行政法律的制定不也应该向刑法学习吗?

其次,来看看法院的"判决书"又如何呢?判决书是由作为国家机关的法院作出的,因此是具有公权性质的文书,但真正写判决书的却是法官个人,因此判决书的个人色彩浓重也是不争的事实。

〔例2〕(判决文)大审院昭和14年8月24日判决(民集18卷877页)。"在本诉讼中,上告人请求被上告人开次郎,对于东京市本乡区森川町134号的2处宅地总计67坪7合3勺,拆除其地上存在的(1)木造瓦房平家1栋建筑面积12坪5合以及(2)木造瓦房平家1栋建筑面积16坪4合1勺并返还土地。并且,自昭和11年10月30日以后到上述土地出让完毕为止,每个月应支付20日元13分的费用,其原因是上述宅地原为本多忠昭所有,该人于大正14年9月18日以后便将其租给案外人波多野とせ居住,上告人于昭和11年1月9日受让该土地并取得其所有权,同时承继了上述本多与波多野之间的土地租赁协议。当时,和波多野达成协议,合同的存续期应该到昭和20年9月17日为止。波多野于昭和11年10月30日将其所有的上述地上建筑物连同土地租赁权一并转让给被上告人开次郎。由于上告人拒不同意转让承租权,所以,该被上告人无权对抗上告人而拥有该建筑物,应属于非法占有该用地,

> 因此,上告人根据土地所有权,主张要求拆除地上建筑物并返还土地。针对这一主张,被上告人开次郎抗辩道,在昭和12年4月1日的本案准备程序期间内,以上告人不同意承租权转让为由,请求上告人以市价4千日元购买地上建筑物,收到支付的款项后便拆除该建筑物,从而拒绝返还该宗土地,原审根据被上告人开次郎的上述收购请求,如果上告人取得建筑物的所有权,并拥有自己的建筑物,那么在该请求之后,以非法占有本案土地为由请求返还土地并支付赔偿金就不能得到认可,上告人本诉请求的宗旨,并非无条件地只主张土地所有权,从而要求拆除建筑物并返还土地,但如果由于被上告人开次郎提出的收购请求而将地上建筑物的所有权移转给上告人时,收购请求的结果可以理解为包含了请求上告人以应支付的款项换取地上建筑物并返还土地的请求,并根据所举证据可以认定在提出收购请求的当时建筑物的市价为2千日元,据此判决该被上告人在收到付款后,应将建筑物移交给上告人并返还土地。基于上告人辩论的全部内涵,就不得不做出这样的判断。"

一个句子大约有一千个字。因为原文既没有标点符号,也没有浊音点的片假名来记载,所以为了简单易懂,笔者将其换成了平假名并加上标点符号。即便如此,普通人的思维就能跟得上了吗?现在,虽然判决书已经用平假名书写,变得容易理解,但也还是能经常看到使用了下面的中止法的大量长句。

(2) 中止法

所谓"中止法",是指原本要以终止形*结束句子的情况下,暂

---

* "终止形"是日语动词的词形之一,一般用来结束句子。——译者注

时中止句子,然后继续接上另一个句子的长句表达方式。① 与下面〔例3〕中,"行动(行動し)""确保(確保し)""决心(決意し)""宣布(宣言し)"相串,并与最后的"制定。(確定する。)"并列。这种方法绝非拙劣之文,也不难懂。在主语方面,无论哪一句都是"日本国民",所以主语被兼用。虽然也有主语的省略,但却是很好的修辞。

> 〔例3〕(日本国憲法序言)"日本国民通过正当选出的国会代表而行动;为了我们和我们的子孙,确保与各国人民合作而取得的成果和自由带给我们全国的恩惠;决心消除因政府的行为而再次发生的战祸;兹宣布主权属于国民,并制定本宪法。"
> **日语原文**:"日本国民は、正当に選挙された国会における代表者を通じて行動し、われらとわれらの子孫のために、諸国民との協和による成果と、わが国全土にわたつて自由のもたらす恵沢を確保し、政府の行為によつて再び戦争の惨禍が起ることのないやうにすることを決意し、ここに主権が国民に存することを宣言し、この憲法を確定する"。

只是,从法律文章来说的话,可以在"决心,(決意し、)"之后,加入"以及(並びに)"等接续词,以明确各句间的接续关系。

(3) 与人文类文章的区别

在人文类文章中,几乎不使用接续词,而且喜欢用很短的句子将情景和感情等完美地表达出来。当然,语句的省略也很多,但却与句子的短小相辅相成,没有不顺畅之处。<u>因为每句话</u>

---

① 关于"中止法"的详细内容,〔日〕岩淵悦太郎編著『悪文〔第3版〕』(日本評論社,1979年)95頁以下参照。

都描绘了各自的情景和感情,并使之按顺序展开,从而引导了读者的思维,使之流利顺畅。在这样的文章中,接续词等是完全不必要的。相反,文章越复杂,就越需要接续词和"接续句"。

那么,法学又如何呢？法学专业(乃至整个社会科学专业)的文章,不是一句一句单纯地描写情景,而是<u>每一句中都包含了法律意义</u>(法律要件和法律效果),这通常成为文章结构的<u>重要要素</u>。在这样的文章中,主语和宾语的过度省略,有可能使文章内容不明确,并造成歧义等。

因此,虽然通俗易懂,但人文学科的写作风格并不是恰当的典范。但是,对于读者来说,"短的句子"更容易理解这一点是不言自明的,所以如前文(1)中所述,应该尽量缩短句子。

3　为了逻辑的展开

(1) 分段

"文章要分'段落'来写！"任何处于教育者立场的人都一直在强调这一点。

所谓"段落",是将一件事情用数个句子来表达的"句群",在很多情况下,内容上也是完整的。那么,"分(切)段"有什么意义呢？

第一,对于写作者来说,要求其<u>用一个段落来表达一个内容</u>。因此,以该段落为基础,将想法平稳地转移到下一个段落(其他主张),其结果是,<u>得到理想的逻辑展开</u>。因此,不管内容如何,我想10行左右就可以分为1个段落了。在A4纸大小的Word原稿或书的 1 页中，分 3~4 段左右的段落是比较理想的。如果养成这样分段写文章的习惯，那么文章的表现力就会有惊人的进步。

第二，对于读者来说，没有比不分段的文章更难读的了。在没有段落而长篇大论的文稿中，可能不容易追寻到作者的逻辑展开。因此，必须时刻意识到这是一篇"要让别人阅读和理解的文章"[参见前述1(1)(第 59 页)]。

(2) 标注序号

与分段一样有效的是，对想要主张的内容进行"编号"。例如，"第 1，……，第 2，……"或"①……，②……"等。但是，"序号"是限定内容的用语，所以对于作者来说，必须是在<u>能够确定地对应该表达的内容加以限定</u>的情况下，才能使用。所以，一定要避免胡乱标号。

对于作者来说，"序号"与"段落"一样，是展开逻辑的有效手段。另外，对于读者来说，由于<u>接下来要读的内容被限定了</u>，所以可以在整理内容的同时更顺利地理解逻辑的展开。

另外，"序号"除罗列事物的情况外，与化整为零的段落不同，可以在内容更大的情况下使用。

4 遵循"语法"

"遵循语法"是指主语、谓语、宾语的关系，以及复句的相关结构应该一读就明确。如果不明确，那么阅读时就会不知道文章的中心是什么。尤其是那些"主语"不明，以及"主语"和"谓语"的关系隐晦的文章。在这里，想举一些由于语法不规范而难以理解的例子。

(1) 因主语不明而表达不清

这是一个拙劣之文的例子，一读下来就能感觉到，主语不明确，语法模糊，表达拙劣。

> [例4]"总之，iOS8 留给人的是旧机型的运行相当不流畅的印象，尤其是 iPad 的运行卡顿，就连搭载 A7 芯片的 iPad mini Retina 机型都显得反应迟缓。"(itstrike.biz，2014 年 9 月 29 日)
> 日语原文：「とにかく、iOS8は旧機種の動作がかなりモッサリした印象があります。特にiPadの動作が鈍く、A7チップを搭載しているiPad mini Retinaディスプレイモデルですら動作がもたつきます。」

这似乎是想说，将 iOS 从 7 更新到 8 的情况下，搭载 A7 芯片的旧机型的运行会变得迟缓。如果是这样的话，"〔关于〕〔升级后的〕iOS8，留给人的是〔在〕旧机型中〔它〕的运行相当不流畅的印象。"才是这是一篇真正想表达的意思。形式上"iOS8"是主语，但从"有……的印象（～した印象があります）"的述语来说，就不一定如此了。所谓"有……的印象（～した印象があります）"，是指有这样考虑的主体，该主体被省略了。总之，只能说是主语不清楚的拙劣之文。

> [例5]"佐野先生设计的名古屋市东山动植物园的象征性标志与中美洲哥斯达黎加国家博物馆的标志相似，受到指责后该园开始了调查。当天，佐野先生在出差地京都市承担宣传工作的佐野先生的妻子否认了这一疑问。"(体育报知 2015 年 8 月 19 日)

> **日语原文**:「同〔佐野〕氏がデザインした名古屋市の東山動植物園のシンボルマークが、中米コスタリカの国立博物館のマークに似ているとの指摘を受け、同園が調査を開始したことが判明。この日、<u>佐野氏は出張先の京都市で広報担当の佐野氏の妻が疑惑を否定した。</u>」

划线句子的主语是哪个？因为谓语是"否定"，所以应该是"佐野氏的妻子"。那么，在这之前的"佐野先生在出差地京都市"这个句子，又和什么有关联以及形容什么呢？接着上面继续解说，佐野先生虽然出席了京都市的研讨会，但没有回答记者们的提问，所以他只不过是在京都。如此看来，不得不说是拙劣的句子表达。

(2) 语法混乱

下面是主语、谓语等的关系，从语法上看完全荒谬的例子。

> 〔例6〕"为了出席G20峰会而访问土耳其伊斯坦布尔的日本首相安倍晋三收到悲剧消息的时间，是当地时间13日夜。'法国巴黎发生9·11恐怖袭击，死伤人数众多'<u>不知为何，安倍出访期间，重大事件总会发生。</u>1月'伊斯兰国'发表拘捕记者后藤健二等人的消息时，安倍正在中东访问；2013年1月阿尔及利亚发生人质拘留事件时，正在东南亚巡访；更早的时候，安倍首相首次出访时的2006年10月，在从北京飞往首尔的专机上听到朝鲜核试验的消息。"(文艺春秋2015年12月10日，Yahoo！-Web发送)

关于划线的"不知为何，安倍出访期间，重大事件总会发生。"这个句子，形式上的主语成分是"安倍"，但其谓语不明。后面的"出访期间，重大事件总会发生"的句子的主语是"事件(出来事)",谓语是"发生(起きる)"(自动词)。这样的话,作为整个句子的主语的"安倍は",又该怎么办呢?这是一篇无视语法、意思不通的文章。也许是想说"安倍遭遇到了这样的偶然情况,或许是命中注定",如果是这样的话,就需要添加很多的补助词。所以,如果让我用自己的方式来对此加以纠正的话,应该这样写:

①"不知为何,在安倍的出访期间,重大事件总会发生。"→主语是"重大事件"

②"不知为何,安倍似乎命中注定,在其出访期间要发生重大事件(或是遭遇偶然情况)。"→主语是"安倍"

无论哪种理解都是可能的,而作者恐怕是在②的意义上来进行写作的吧。一般来说,"置于句子开头的语句"是为了在整个句子中强调该语句而被置于句首的。基于这一考虑,理解为"安倍,是……"这一语感较为符合作者的意图。如果像①这样的话,句子虽然很直白,但就记者而言,却没有明显地想要评论"安倍"的意味。这一"置于句子开头的语句"的强调性用法,在后面的⑤(3)(第75页)中会进行详细论述。

下面列举的是,把想说的好几句话放在一个句子中,结果造成违反语法的例子。

〔例7〕"(a)狗在大多数情况下,即使感染了也不会出现症状,这就是所谓的'隐性感染'。(换行)
(b)尽管狗很健康,但感染了棘球蚴病的狗的粪便中会排泄出许多绦虫虫卵。"(Yahoo!新闻2021年9月3日某人的文章)

有问题的是(b)中的句子。想说的其实是两句话,一个是,也是主要的,从承接(a)句的角度来说,"尽管狗(在隐性感染的情况下)身体健康,也会排泄出许多绦虫虫卵";另一个是"在感染了棘球蚴病的狗的粪便中,(会看到)许多绦虫虫卵"。(两者都需要补充括号内的语句)。

总之,之所以会有这样的表达,是因为有好几句话想说,然后焦急地想一股脑地说出来。<u>一个主题得用一个句子来写,两个主题得用两个句子来写</u>,最好将其分开表达。

(3) 由于忽视语法而令人无法理解的文章

下面是一个因为完全不遵循语法而不知道其想说什么的例子。

〔例8〕"不太了解高中棒球的人应该不会知道经常在后边的穿着雨衣的大叔是8号门俱乐部的占据着本应是自由席的后排座位是一个蛮不讲理的团伙如果有人想对此提出抗议就会被针对。"(匿名推特2015年8月12日)

因为在一个句子中放进去了很多事情,所以在语法上无法理清,根据不同的解读,意思也会随之改变。大体上看,主语是"大叔(蛮不讲理的团伙)",对于想提出抗议的其他人(在文中被省略),谓语是"针对"。不过,因为是推特上的句子,只要意思通顺就可以了(了解这一情况的人应该都能明白),所以既然是这些人之间的交流,别人也没有必要插嘴。

(4) 系属关系不明

下面是一个系属关系不明的例子。

〔例9〕"广播从业者不能根据第三人的要求,在没有正当理由的情况下,采取不让特定人参演节目的行为。"(WoW! Korea 2015年11月30日·日语翻译·出处 Yahoo!)

这个句子的"主语"是"广播从业者",其"谓语"是"不能采取(不让特定人参演节目)的行为"。而"不让特定人参演节目"是由第三人提出的要求,所以"根据第三人的要求,不让特定人参演节目"是复句。"无正当理由"是副词句。据此,其意思或许是,"如果第三人要求不让特定人参加节目,广播公司没有正当理由,就不能答应"。因为是外文翻译所以也没办法,但从语法上来看,不得不说这是一个拙劣之文。

〔例10〕"(a)申请加入FBI的动机是,对(b)发生在2016年美国佛罗里达州奥兰多的一个性少数者聚集的夜店的,(c)造成49人死亡的(d)胡乱开枪事件中的(e)FBI所(f)组织的(g)应为尽为的(h)搜查手段(i)感到震撼。"(CNN.co.jp 2021年8月12日)

〔例10〕是一篇黑人女性首次参加FBI特种作战部队训练的报道,里面一股脑地装满了想说的话,全是形容句,光看一遍,恐怕难以知道什么和什么有关。我从未见过这样糟糕的句子。首先,基本的主语和谓语关系是"(a)申请加入FBI的动机"(主语)和"对(e)FBI所组织的……(h)搜查手段(i)感到震撼。"(谓语)。问题是,"(b)发生在2016年美国佛罗里达州奥兰多的一个性少数聚集的夜店的,"是一个形容句,这与"(d)胡乱开枪事件"有关,所以不需要"发生,"中的逗号","。这样的话,"(d)胡乱开枪事件"就有"(b)发生在2016年美国佛罗里达州奥兰多的一个性少数聚集的夜店的,"和"(c)造成49人死亡的"两个形容句来修饰。之后的"(e)FBI所""(f)组织的""(g)应为尽为的"三个形容句则属于"(h)搜查手段"。这些事情都被压缩在一个句子里的,只读一遍理解不了。这便是典型的拙劣之文。如后面 ⑥

(2)(第85页)所述,应以"一个形容词对应一个名词"为原则。

5　主语·谓语的关系

(1)承接主语的助词"は"和"が"

在承接主语的助词中,最有代表性的是"は"和"が",至于使用哪一个,要看承接前句的"语调"(接下去的语调)和句子的结构(并列句还是复句)。不过,当作者想要特别强调时,即使语感稍差,重复使用或许也无妨。

(a)在并列句的情形下,无论哪个句子一般都用"は"承接主语

> 〔例11〕"我去了美国,她去了法国。"
> 日语原文:「私はアメリカに行き、彼女はフランスに行った。」

在这种情况下,"私はアメリカに行き、彼女はフランスに行った。"和"私がアメリカに行き、彼女がフランスに行った。",意思是不同的。多数情况下,要看前面的句子,来决定表达形式。

另外,在这个例子中,"去了……,去了……(…に行き、~に行った。)"这一表达用的就是"中止法",关于这个语法前面已经叙述过了[参照第二编2(2)(第63页)]。

(b)在复句的情形下,主句承接主语的助词用"は",从句承接主语的助词用"が"

> 〔例12〕"法人A,允许员工乘坐公司所有的车来往公司,

但禁止在休息日等使用。"（对下面〔示例13〕中的(a)部分进行了改编）

日语原文：「法人Aは、従業員に社有車での直行、直帰を認め、休日等の使用を禁止していた。」

对此，"法人Aは、従業員に社有車での直行、直帰は認め、休日等の使用性は禁止していた。"（〔例13〕原文）——连用了三个"は"——在语法上和意思上都是不同的。在语法上，"法人A，允许（关于）员工乘坐公司所有的车直接回家（对此是）允许的，（关于）休息日等的使用（对此是）禁止。（法人Aは、従業員に社有車での直行、直帰〔について〕は〔これを〕認め、休日等の使用〔について〕は〔これを〕禁止していた。）"如上所述，作为谓语的"允许（認めた）""禁止（禁止していた）"是他动词，所以必须补充（）内的用语作为宾语。此外，从意义上来说，如后文〔例13〕所述，由于没有承接前面的句子，所以这种表达作为修辞是不妥当的。

（c）承接上文表强调使用的场合

〔例13〕"①法人A，员工乘坐公司所有的车来往公司是允许的，但在休息日等使用是禁止的，但员工B将公司所有的车带回家中，并违反公司规定，将公司所有的车借给了朋友C。朋友C在驾驶借用的法人A的车时，发生了汽车事故。②……朋友C根据自己投保的汽车保险的他人车辆驾驶特别约定，能否成为赔付的对象？"（某企业的内部手册）

日语原文：「①法人Aは、従業員に社有車での直行、直帰は認め、休日等は使用性禁止していたが、従業員Bが社有車を自宅に持ちかえり、社則に反し、友人Cに社有車を貸した。　友人Cは借用した法人Aの社有車を運転中、自動

> 車事故を起こした。 ②……友人 c が自らが付保する自動車保険の他車運転特約では支払の対象となるか。」（某企業の社内マニュアル）

在这个例句中，如果只取①句的前半部分，如〔例12〕所示，"法人 A 允许员工乘坐公司所有的车来往公司，但禁止在休息日等使用"，在与主语"法人 A"的关系上，语调上也是比较妥当的。虽然在语法上，如上所述，也有需要补充的地方。

但是，这句话，从后半段的②中可以看出，只是一个设例，重点（要点）还是"来往公司是允许的，在休息日等使用是禁止的"的部分。也就是说，设问是，在违反"乘坐公司所有的车辆来往公司是允许的，但在休息日等使用是禁止"这一内部规定的情况下，驾驶公司所有的车辆发生事故时，是否可以根据驾驶其他车辆的特别约定支付保险金。对于这种特殊的用法，既然不是语法错误，就没有修辞介入的余地。

（四）切忌特定的助词在一个句子中重复出现

在一个句子中，不要重复使用"は""が"等助词。① 虽然不是语法错误，就修辞而言，是"不够妥当"的。另外，由于现在的 Word 软件在发现重复使用特定助词的情况下，会发出警告，提醒转换成其他用语，所以很容易注意到。

（2）主语的兼用

这虽然是复句所特有的问题，但在要叙述某一主语所做的几

---

① 〔日〕岩淵悦太郎编著『悪文〔第3版〕』（日本評論社，1979年）138页指出，一个助词在一个句子中被使用的次数可以很好的作为一项"拙劣之文的指标"。

件事情的情况下,有时为了不写成零散的句子,于是将它们统合在一个"主语"之下。但是,在这种情况下,需要使用适当的接续词。另外,这种形式也会与使用"中止法"的句子相结合。①

> [例14]"汽车,①作为战后恢复所必需的运输手段发挥了很大的作用,②但由于技术上的落后,到昭和25年左右开始发生了老化,③从而面临着迫切更换的必要性。"

[例14]中"汽车"是①、②、③的主语,如果把它写成零零散散的句子,反而缺乏美感。这种情况下,把各个句子统合起来,使之兼用主语是一种修辞方法。但是,在这种情况下,因为接续词和接续语的"……但(…が、)"·"发生(が生じ、)"被恰当地使用,所以语感还不错,但如果不恰当的话,就会变成无聊的句子。

(3)把想强调的词放在句首

(a)放置位置不同的细微差别

不仅仅是主语,句子的第一个语句都会给读者留下特别的印象。这便是第一印象。因此,"想强调"的语句应被放在句子的开头。即便不举下面的[例15],也能明白其中的道理吧。

> [例15]
> (α)我于2021年8月8日去了冲绳。
> (β)2021年8月8日,我去了冲绳。
> (γ)冲绳,我于2021年8月8日去了。

无论是哪一个,句子开头的语句,都给了读者一种特别的印

---

① 〔日〕岩淵悦太郎編著『悪文〔第3版〕』(日本評論社,1979年)100頁以下参照。

象。使用这个表达后,特别是在承接前句或前段的句子中,句子开头的语句可以进一步对其进行叙述。即便作者是在这种意义上进行使用,读者也会发现它是逻辑或故事的展开。

(b)因不同的解释所产生的不同文意表达

虽说不上意思不通顺,但是如果按照语法来分析的话,可能会有好几种文章表达,句意也会随之不同。这些都是"拙劣之文"的例子,兹举两例。

i 由于语句的省略,使其在结构上变成有2个主语的句子。

[例16]"因'性骚扰'骚乱在26日前村长辞职的宫城县大衡村长选举中,新人、前村议会议长荻原达雄(66岁)击败新人、前村议员赤间しづ江(67岁),首次当选。"(产经新闻2015年4月26日)

由于这一表达,[例16]在解释上,可以解读出以下三个意思(这一点,希望能在文章写作和理解句子结构上作为参考)。

[例16的解释与修正]

(修正①)宫城县大衡村长选举在26日举行,荻原达雄击败赤间しづ江首次当选。(理解为省略了"在……举行",是由两个句子组成的并列句)

(修正②)宫城县大衡村长选举,在26日举行,其结果是荻原达雄击败赤间しづ江首次当选。(将"村长选举"理解为复句中主句和从句共同主语,原文省略了",""在……举行""其结果是")

(修正③)在宫城县大衡村长选举中,荻原达雄击败赤间しづ江首次当选。(将"宫城县大衡村长选举"的部分,作为表示状况的限定句)

这三种解释在语法和语义上都不同。语法上的差异,如上述句末的"( )"中所示,属于文章的风格问题,所以哪一个都可以。但是,在语义上却大不相同。如上文所述,"置于句子开头的语句"是被强调的语句。例如,(甲)"萩原先生在村长选举中当选了。"这一句子和(乙)"在村长选举中,萩原先生当选了。"这一句子,意思可能相同,但语感不同。(甲)中强调的是"萩原氏",(乙)中强调的是"村长选举"。而且,这样的强调等于最初的语句,一般是<u>承接前面的句子而进行的强调</u>。

由此看来,上述〔例16〕是想强调"前村长因'性骚扰'骚乱而辞职的宫城县大衡村长选举",所以只是将"村长选举"作为表示情况的限定语的(修正③),就应该被排除。因此,只剩下(修正①)和(修正②)了,但(修正②)必须脑补"其结果是"等语句,这可能不是作者的本意。因此,(修正①)可以说是最贴切的解释了。

另外,在逗号的标注上也要注意。在这个句子中,想在"宫城县大衡村长选举"之后打上","。因为一般来说,在主语之后,为了明确文章及其含义,一般都会标上一个逗号。特别是在法学的文章中,这是惯用的手法,在后面的本章⑦(2)(第89页)中会详细叙述。

ⅱ 因表达的"不好"造成多种意思的句子。

〔例17〕"(a)在签订保险合同时,以及被保险人因故意或重大过失而违反对告知事项作出正确答复义务(告知义务)时,本公司有权解除该合同。

(b)虽然保险是通过根据保险人承保的风险要求投保人负担保险费而成立的(给付·对待给付均等原则),但由于风险评估所必要的信息更多地<u>乃</u>偏在于投保人一方,因此,告知义务是由法律对投保人一方所课与的义务。"(某企业的手册。对风险细分型保险的说明)

> 日语原文：(b) 告知義務は、保険は保険者が引き受けるリスクに応じ保険契約者に保険料負担を求めることにより成り立つ(給付・反対給付均等原則)が、危険測定に必要な情報は保険契約者側に偏在するため、法律が保険契約者側に課した義務である。

该〔例17〕的问题在于(b)句。属实是生疏的职员所写的句子，因为主句的主语和谓语之间有很长的复句(从句)，所以很难理解。因此，如果要对这个句子进行修改的话，可以考虑以下两种形式。

> 〔例17 的修正①〕"保险是通过根据保险人承保的风险要求投保人负担保险费而成立的(给付・对待给付均等原则)，但由于风险评估所必要的信息更多地偏在于投保人一方，因此，<u>法律对投保人一方所课与了告知义务</u>。"
>
> 日语原文：保険は保険者が引き受けるリスクに応じ保険契約者に保険料負担を求めることにより成り立つ(給付・反対給付均等原則)が、危険測定に必要な情報は保険契約者側に偏在するため、<u>法律は、告知義務を保険契約者側に課している</u>。

这样，在语法上也是直截了当的表达。但是，<u>句子(b)关注的是其前句(a)中的"违反告知义务"问题</u>，由于是对此进行承接的句子，所以无论如何必须把"告知义务"放在首位。因此，下面的表达方式可以作为一种修辞。

> 〔例17 的修正②〕"告知义务是法律课与投保人一方的义务，<u>虽然保险</u>是根据保险人所承担的风险要求投保人负担保险费而成立的(给付・对待给付均等原则)，但由于风险评估所必要的信息更多地偏在于投保人一方(导致告知义务<u>被课与给投保人</u>)。"

> 日语原文:告知義務は、法律が保険契約者側に課した義務であるが、これは、保険が保険者の引き受けるリスクに応じ保険契約者に保険料負担を求めることにより成り立つ(給付・反対給付均等原則)ものであるところ、危険測定に必要な情報が保険契約者側に偏在するため〔契約者に課されたもの〕である。

在下划线的部分对其进行了补充和修改,虽然在语法上与原文相背离,但在意思上,这种写法更接近作者的原意。

(c)主题的明示(法律条文)

文章开头的语句用于对其加以强调,这在法律条文中亦是如此。但是,在条文中,明示主题的意味也很浓厚。

> [例18]著作权法第38条的结构
> [第1款]"对于已发表作品,若不以营利为目的、且不收取听众或观众的费用……时,可公开上演、演奏、上映或口述。"
> [第2款]"被广播作品,……(以下略)"
> [第3款]"被广播或被有线广播作品,……(以下略)"
> [第4款]"对于已发表作品(电影作品除外),若不以营利为目的,且不向借贷复制品的人收取费用时,可通过借贷复制品(如从电影作品中复制下来的作品,则不包括该电影作品的复制品)的方式提供给公众。"

希望大家注意[例18]第4款中的下划线部分。这一句子,如果换成"除电影作品外,已发表作品……"这一更利落的写法,普通人也会更容易理解。

但是,这一条文本身以"已发表作品"为主题,第1款是关于"已发表作品"的一般规则,第4款则是承接这一规则,对"已发表作品"进行了进一步说明,因此这种改写是不恰当的。对此,将第

2 款的"被广播作品,"和第 3 款的"被广播或被有线广播作品,"相并列,对第 1 款和第 4 款所特别强调"已发表作品"加以明确表示,是更为简单易懂的条文表达。

(4) 条文中主语的省略

在民法(财产法部分)和刑法等很早就有的法律中,条文的主语有时被省略。这是受德国等法律条文的影响,实体法的规定,往往呈现"做了……的时候"(法律要件)→"则……"(法律效果)这样的要件·效果的结果,此时即便省略主语,意思也是通顺的。不过,在论文写作中,恐怕很少使用这样的省略形式。

> 〔例 19〕"意思表示……如果其错误按照法律行为的目的和交易上的社会一般观念来看是重要的,则可以撤销。"(民法第 95 条第 1 款柱书*)

〔例 19〕这个条文的主语是,"可以撤销"的主体,即做出了意思表示的"表意者",即便将"表意者"加入这个句子中,句子的意思也不会随之发生改变,但却失了美感。

(5) 避免语句重复(重复表达)

在一个句子内,会出现语句重复的情况。这虽然不是语法错误,但从修辞角度来说,除有特殊理由的情况外,应尽量避免重复。

---

* 所谓"柱书",是指在法条中分列多款时,各款之外的部分。例如,就"……若满足以下条件,则……(一)……(二)……(三)……"此种结构的法条而言,"(一)……(二)……(三)……"这些具体条款之外的"……若满足以下条件,则……"部分,就属于柱书。——译者注

（a）主语和宾语（谓语）的重复

存在主语与宾语重复的情况。

> 〔例20〕"(α)排除非法占据者最有效的<u>方法</u>是：(β)第三，在备齐证据的情况下提起诉讼这种<u>方法</u>。"

〔例20〕这样的表达，从修辞角度看，是一个"不妥当的拙劣之文"。因此，通常会通过以下任意一种表达，来避免重复。

> 〔例20的修正①〕"(α)排除非法占据者最有效的<u>手段</u>是：(β)第三，在备齐证据的情况下提起诉讼这种<u>方法</u>。"
> ((β)句保持不变，将(α)句中的"方法"替换成"手段"或"者"等用语)

> 〔例20的修正②〕"(α)排除非法占据者最有效的<u>方法</u>是，(β)第三，在备齐证据的情况下提起诉讼这种<u>手段</u>。"
> [(α)句保持不变，将(β)句中的"方法"替换成"手段"等用语]

至于哪种表达更为合适，会根据作者的着力点的不同而有不同的答案。一般而言，两者都是可以的。

像这样，纠正不稳妥的句子，更有效地加以表达的技巧就是所谓"修辞"了。在社科类论文中，确保文章的准确性是第一位的，但在此前提下，更有效地用文章说服读者也是必要的。

（b）不要重复使用相同意思的词语（"重复词语"）

"在车上乘车""从马上落马""头痛很痛"等，把同样的事情用另外一个词重复说一遍，无须赘言也知道毫无意义且缺乏表达的美感。因此，对于这些词语，就应该用不同的方式来表达。

另外，关于"首先最初（まず最初に）"这一表达，"首先"和"最初"是意思相同的"重叠词"，我的文字处理软件Word和日语

输入法 Atok,会将"最初に"作为推荐的候补项。但是,"まず"除"首先"的意思外,还有"大体上、大概、或许(だいたい、およそ、多分)"的意思。① 因此,在"まず最初に"的表达中,也有"大概首先"的意思。我就是在这个意思层面上使用的,而非作为"重复语"来使用。而且,仅就"まず最初に"而言,作为放在句子开头的词语,在口语中已经相当普遍了吧。在对话中也是经常能够听到。

(c)在一个句子内不使用相同的词语

在一个句子内使用相同的词语,对于读法来说会显得生涩,也缺乏表达的简洁性。不过,这只是原则。在想特别强调该语句的情况下,以及在复句等长句中,重复使用同一个词语也是容易理解。这个原则,只是就修辞角度而言,具体还是要看用法。

(6)句末助动词"である。"和"だ。"

"である。"和"だ。"虽然都是放在句末,用于结束句子的助动词,但在用法上有以下不同。

①"である。"

"である。"是学术论文和社会中的"公文"(书面语)中使用的词汇,而不是口语(对话语)中使用的词汇。

②"だ。"

与此相对,"だ。"比起"である。"更有口语性,既可作为书面语(公文)也可作为对话语(口语)使用。这是新闻系统常用的

---

① 〔日〕『日本国語大辞典』(小学館,2000年);〔日〕『広辞苑 第七版』(岩波書店,2018年);〔日〕『明鏡国語辞典 第三版』(大修館,2020年) 等参照。

词汇。从实际情况来看,由于大学入学考试的关系,在高中生所写的小论文和报名表中也经常能见到。恐怕,估计是作为小论文的写法来教授的。

关于"である。"和"だ。",重要的是,较之于"である。""だ。"在意义上具有更强的"断定"性。从这个意义上讲,在某些句子中使用确实是会有更好的表达效果。① 但也不能否认,其更接近于一种感性表达。

在学术论文中,没有"断定"。有的只是根据资料(证据)对假说的正当性的证明。因此,将"だ。"作为学术论文中的词语来使用,是不妥当的。

6　修饰语关系

在文章表达中,形容词・形容词句和副词・副词句等的修饰是必要的,因为只有进行了修饰,日语才会变得优美。这是最高级的修辞。但是,过多地使用修饰语,文章的品位也可能变差,应该避免过度使用。

(1) 形容词放在所修饰名词之前

形容词・形容词句,是指与特定的词语相关,修饰其性质和特征的词句。因此,原则上要放在所修饰名词的前面。相距甚远的修饰,很可能会引起误解。

---

① 为了起到这种效果,〔日〕浜辺陽一郎『新会社法のしくみ(第4版)』(東洋経済新報社,2020年),频繁地使用了在法学书中罕见的"だ。"。因为是面向初学者的入门教科书,所以可能确实有一定的效果吧。

〔例21〕"（关于在男性粉丝中拥有超高人气的女性演员）在哨所被拍到和飞行员在谈婚论嫁地交往着，导致了令人担忧的**严重的**男性'脱粉'。"（日刊现代DIGITAL2021年6月6日）

〔例21〕"严重的"这个形容词，从文章的意思来看是与"脱粉"相关联的，但在上述的句子中，也可以说是与"男性"相关联。因此，应该是"男性的严重'脱粉'"。

〔例22〕"**拼命地**起飞的美军飞机上攀爬，坠落的阿富汗男人们"（Newsweek日文版2021年8月17日）

〔例22〕"拼命地"这一修饰语（副词句），从"修饰语应放在前面"这一语法原则来说，应该与后面的"起飞"相关联（在这种情况下，"拼命地起飞的美军飞机"再与"攀爬"相关联），但并非如此，本文中的"拼命地"在内容上应该与"攀爬"相关联。这想表达的其实是，因为阿富汗崩溃，塔利班掌握政权后，导致害怕被报复的人们为了逃往国外，冒着生命危险乘坐美军飞机的情况。但从语法上来说，一开始的理解是正确的。像这样，如果忘记了"修饰语放在被修饰语之前"这一原则，就会被理解为其他的意思。*

另外，这样的表达，是由于作者有着想强调句首词"拼命地"这一感性的意识，才会这样写的吧（虽然〔例21〕也是这样的）。

---

* 日语原文为"命懸けで離陸する米軍機に取り付き"，在这样的表达中，"拼命地（命懸けで）"就与想要修饰的"缠住（取り付き）"之间相隔甚远。为了体现出这种语法上的结构关系，才在补充了被动关系的基础上，将之译为较为拗口的"拼命地起飞的美军飞机被其缠住"。句子真正想要表达的意思是"拼命地缠住起飞的美军飞机"。——译者注

(2)"一个名词对应一个形容词"原则

"一个名词对应一个形容词"乃是修饰的原则。问题在于可能存在好几个形容词或形容词句的情况。初学者往往为了说明各种情况,会在一个句子中加入好几个形容词。一个名词带有两三个形容词时,仅读一遍就很难明白,这就是典型的拙劣之文,如〔例8〕〔例9〕等。

对于作者来说,可能会顺着情绪的流动重复形容词句,但是,对于读者来说,可能会与作者的意向相反,理解起来就会很费劲。因此,写作时必须时刻意识到"一个名词对应一个形容词"原则,注意关联关系。

〔例23〕"被诱拐的长女之子(長女の子),时隔36年得到确认 阿根廷"(asahi.com 2014年8月6日的标题)

〔例23〕"被拐"的究竟是"长女"还是长女的"孩子",仅凭这一点叙述就不得而知。不过由于这是"时隔36年得到确认",所以从意思上判断,可以推测这是在形容"长女"。

〔例24〕"另一个是女医师兼艺人西川史子的前夫实业家福本亚细亚氏。"(日刊现代2015年4月21日)

如果是日本人的话,会从内容来判断,哪个词语与哪个相关联(但是,从语法上来说,哪个词语修饰了哪个词语,可以有多种解读),但是,仍然满是形容词句。〔例24〕这样的句子,如果标了逗号就会变得明确。例如,"另一个是,女医师兼演员西川史子的前夫,实业家福本亚细亚氏。"这样,加上两个逗号就可以了。

〔例25〕"现查明,在泰国用盗来的护照为两名乘客购买了失联的马航客机的机票的名叫'阿里'的伊朗男子,被认为是伪造护照网络的核心骨干。"(共同社 jijicom 2014 年 3 月 11 日)

日语原文:消息を絶ったマレーシア航空機に盗難旅券で乗っていた2人の航空券をタイで調達した「アリ」という名のイラン人の男が、偽造旅券ネットワークの中核幹部とみられることが分かった。

〔例25〕主句的主语省略了,谓语是"现查明"。其中核心复句的主语是"伊朗男子",谓语是"被认为是(核心骨干)"。于是,"消息を絶ったマレーシア航空機に盗難旅券で乗っていた(用盗来的护照乘坐失联的马航客机)"修饰了"2人",这又与"机票"相关联,这成为复句的宾语。

英语是通过使用关系词的关系句(间接句)结构来明晰句子的结构。遗憾的是,由于关系句和间接句并不发达,所以日语不得不依赖于形容词句和括号。对此的大量使用,也有不得已之处。因此,在使用多个形容词句时,有必要通过逗号来明晰内容。

(3)副词或副词句

(a)修饰"用言"*

"副词"(或副词句)作为连用修饰语,主要是修饰"用言"(谓语)的词语,如"千里迢迢(はるばる)""再三(たびたび)"等,数量众多。副词和形容词一样,也不能过多使用。

---

* 在日语中,会区分用言和体言,其中,用言包括"动词""形容词""形容动词",而体言包括"名词"和"代词"。——译者注

（b）根据不同的用法使用逗号","

对于副词（副词句），除下面（三）中的"陈述性副词"外，有时视具体情况最好在后面加上逗号","（尽管这是个人偏好问题）。

ⅰ 例如，①在句子冗长的情况下，显然在使用用言进行修饰；另外，②"特に（特别）""元来（原来）""依然（依然）"等副词以日文汉字形式使用时，在下一个名词也是日文汉字形式的情况下，连用修饰语"依然"和作为宾语的下一个名词之间，用逗号隔开，在视觉上也会变得清晰。

ⅱ 当副词或副词句与复句中的两个句子相关联时，为了明确修饰关系，应该打上"逗号"。例如，本书中提到的"学術論文の文章は、別に、美文である必要もなければ、凝った文章である必要もない（学术论文中的句子，其实既没有必要使用华丽的辞藻，也没有必要使用凝练的句子）"[第一编 Ⅲ 3 (1)（第9页）]，"別に"（"其实"）是与两个句子相关联的副词，即使不加逗点，"別に美文で~"也很明显与两个句子相关联。所以也可以说逗号是不必要的，但我更喜欢加上逗号后的"別に、"的表达方式。

（c）所谓的"陈述性副词"

"決して（决不）""全然[根本（不）]""とても[怎么也（不）]"等，先放在句子前面，使之预告句子的结论（"不~（~でない）"这样的否定形）的副词，被称为"陈述性副词"。① 例如，"決して"这一副词就伴随着"~でない"这样内容否定形的修饰语。

---

① 详细内容，[日]岩淵悦太郎编著『悪文［第3版］』（日本評論社，1979年）133頁以下参照。

只是,这大概只是作为使用习惯被流传下来的吧。顺便一提,"とても"带有否定形["ひどい"(差劲)等]的用法,也会被用于肯定性结论["美しい(美丽的)"等]①,另外,"全然"这一副词现在也被认为往往带有否定形"～でない",但是,在明治、大正时期的小说中,经常可以看到"全然～である"这样的肯定性说法。

7 逗点"、"的标法

(1)"为了便于阅读"和"为了厘清句子结构"

"逗点"("、")②对于现代的写作来说,是极其重要的表现技巧。"逗点"是阅读的时候,像读到的文字一样,为了容易读懂,在"意思的节点"和"换气点"上标注的点号。

原本,在日语中并不存在"标点符号",而且,能够读写句子的也仅限于"有学问的人",因此,即使不使用标点符号,只要是有涵养的人也能理解句子的意思(不过,作为日语起源的汉语,自古以来就有句读的标法,但这种技法并没有传到日本)。进入明治时代,随着学校制度的引进,文章才开始贴近普通人的生活。那时,西欧的标点符号(",""·"".")也被引入到日语的表达中,并出现了自身独有的"、"·"。"的形式。但是,标点符号被完善为文

---

① 〔日〕岩渊悦太郎编著『悪文[第3版]』(日本評論社,1979年)134頁。
② 日语中的"逗点",一般指"、"或",",但由于存在纵向书写文章的情况,因此在此统一记作"、"。此外,对于句读符号而言,无论是纵向书写时的"、"·"。",横向书写时的欧美标法",""."还是一直以来的"、"·"。",都有在使用。因为是作者的偏好问题,所以无论用哪一个都可以。

章表达的普遍方法,却是很久以后的事。

不管怎么说,"逗点"原本是为了"使文章容易读懂"而标注的符号。而且,"使阅读更容易"这一点,在复杂的文章中也意味着"明晰句子的结构"。由此,在文章写作时,人们开始注意逗点的标注方法,特别是在法学领域,为避免因文章表达而导致的模糊解释,人们开始关注使句子简明的逗点。

正是如此,标注"逗点"①,是为了"便于阅读",②为了"明晰句子的结构"。① 从这个视角出发,在此笔者将就"逗点"的标法指摘如下几个问题点。

(2)在主语后面标注逗点"、"

(a)"条文"和法律类论文

在法律条文和法律类论文中,主语后面加上逗点"、"已经成为一种普遍性做法。我在研究生的论文指导中也推荐使用这种方法。主语之后再加上"、",就可以明确它是主语,也可以明确它与其他语句的关系,在复句中,多个句子的主语可以被兼用。特别是在内容复杂难解的文章中,这个方法非常有效。

> [例26]"继承人,自继承开始之时起,继承属于被继承人财产的一切权利义务。"(民法第896条本文)
>
> 日语原文:「相続人は、相続開始の時から、被相続人の財産に属した一切の権利義務を承継する。」(民法896条本文)

---

① 此外,〔日〕岩淵悦太郎編著『悪文[第3版]』(日本評論社,1979年)107頁以下,还谈到了句读点的连用中止法这一使用方法,但这只是语法性的说明,就功能而言,可以被归纳为"便于阅读"和"明晰句子的结构"这两点。

> 〔例27〕(α)"杀人者，处死刑、无期或五年以上惩役。"（刑法第199条）
> (β)"违反公共秩序或善良风俗的行为，认定为无效。"（民法第90条）
> 日语原文：(α)「人を殺した者は、死刑又は無期若しくは5年以上の懲役に処する。」（刑法199条）
> (β)「公の秩序又は善良の風俗に反する行為は、無効とする。」（民法90条）

不过，必须注意〔例26〕和〔例27〕间的语法差异。〔例26〕的谓语是"承継〔权利义务〕（〔権利義務〕を承継する）"这一他动词，宾语是"权利义务"，所以主语无疑是"继承人"。〔例27〕(α)的谓语是"处……（~に処する）"这一他动词，其宾语是"惩役"。这样一来，"杀人者"（主语）在逻辑上就不可能"处惩役（懲役に処する）"了。但是，原本这句话是"〔对于〕杀人者（相当于宾语），〔将其〕处死刑、无期或5年以上惩役。"这样的文言文表达结构，并省略了〔〕中的词语而形成的（修辞上的一种方法）。因此，"杀人者"是宾语而不是主语。另外，就主语而言，省略了"法，"等规范的上位概念。

同样，〔例27〕(β)也应改为"〔对于〕违反公共秩序或善良风俗的行为，〔判定其为〕无效"。这样的表达，在语法上并无错误，反而可以说是富有美感的。

(b) 复句·并列句中主语兼用的情形

在"复句"（包含多个具有主·从关系句子的句子）或"并列句"（不是主·从关系的多个句子以对等关系结合在一起的句子）中，当其中一个句子的主语也是另一个句子的主语时，最好在第一个主语后加上逗点"、",使主语得以兼用。

〔例28〕"物权行为,并非为了产生债权关系,而是以直接产生物权变动为目的的行为。"

〔例28〕是由"并非为了产生债权关系"这个句子和"以直接产生物权变动为目的的行为"这个句子组成的并列句,而且其中任何一句的主语都是"物权行为"。这种情况下,像"物权行为非为了产生债权关系,"这样,在主语后不加逗点的句子有很多。或许,这在人文学科中司空见惯的事。本来,其在语法上就并不是错误,即便这样写也完全可以理解,但是,在社会学科中,为了使得句子的结构能够一目了然,所以最好还是像例示那样加上逗点。

(3)新闻类文章中特殊的标法

在主语之后打逗点"、",这可能是法律等专业的学术类文章中特有的表达方式。在报纸和大众媒体等的文章中,普遍的做法是,主语之后突然加入日期和时间,之后再加上逗点。

〔例29〕(〔例16〕的重述)"因'性骚扰'骚动前村长辞职的宫城县大衡村长选举于26日,新人、前村议会议长萩原达雄(66岁)击败新人、前村议员赤间しづ江(67岁),首次当选。"

〔例30〕"职业棒球运动员协会3日,在大阪市召开定期大会,就巨人队的3名选手的棒球赌博问题作经过报告。"(NHK-Newsweb 2015年12月3日)

〔例31〕"俄罗斯南部车臣共和国首长卡迪罗夫4日,证实极端组织"伊斯兰国"2日发布的视频中,据称在叙利亚杀害"俄罗斯间谍"的人,是一名来自西西伯利亚的俄罗斯人。发表社交网站上。"(jijicom 2015年12月4日)

就像〔例29〕、〔例30〕、〔例31〕这些句子一样，在新闻类文章中，主语后面不加逗点，而是在加上日期后再标注逗点，是很常见的做法。不知道这是从何时开始普及的。不过正如前文一、中所述，"逗点"除①为了厘清句子结构外，还是②为了便于阅读而使用。特别是②的情况下，经常被标注在"换气点"上。恐怕是因为新闻类文章已经和"口语"融为一体，作为一种"口语"的表达形式，主语之后先加上日期，之后再打上"逗点"的做法，让人可以有时间换气，这种富有节奏的方法得到了普及。其结果是，使文章充满节奏感，表达上的效果也很好。

　　但是，这种方法对于社科类论文未必合适。因为对于难懂的逻辑展开，有必要从结构上加以明确。

> 〔例32〕"对于朝鲜7日发射的事实上的远程弹道导弹，韩国国防部相关人士判明是脱离的第一级导弹发生爆炸，并散落海中。有人认为朝鲜可能是为了不回收导弹残骸，而故意实施了爆炸。"（NHK Newsweb 2016年2月7日）

　　〔例32〕是逗点仅作为"读点"＝"换气点"以及"顿笔"使用的典型。当然，虽说不上是说语法错误，但的确是没有意识到单词和句子的关联方式（如果是这样简单的内容，还不是问题，但如果是复杂的、抽象性的内容，就可能会产生误解）。法学家还须注意句子的结构，对于这句话应该这样写：

> 〔例32的修正〕"对于朝鲜7日发射的事实上的远程弹道导弹，韩国国防部相关人士，（加上逗点）判明是脱离出来的第一级导弹发生爆炸，并散落海中。有人认为，（加上逗点）朝鲜可能是为了不回收导弹残骸，（删去逗点）故意实施了爆炸。"（NHK Newsweb 2016年2月7日）

　　在法律类文章中，节奏感不一定是必要的，所以还是希望大家在语法上要简明，要注意逗点的标注方法，比如在主语之后标注逗点。

(4)逗点标法的错误！

如上所说，"逗点"是为了<u>便于阅读</u>或<u>厘清句子结构</u>而标注的。但是，由于逗点的标注方法的不同，有时<u>意思会不通顺，或者被理解成其他意思</u>。这是就逗点的误用，举几个例子。

〔例33〕"关于神户市议会的党派'自民党神户'从政务活动费中虚构支出的调查委托费约1120万日元问题，问题资金在4月的市议员选举前，被怀疑已向党派的市议员等共计15人发放，但直到10号才知晓。

据悉，资金是由党派为准备参选的17人准备的，除拒收等的2人外，大部分可能被用于选战。

<u>负责委托的，于6号去世的前市议员大野一（时年62岁）的代理律师</u>，在10号的记者招待会上宣布了这一消息。另一方面，最大的自民党当天向兵库县警局提交了关于原市议员和受委托企业负责人的检举信，指控其涉嫌制作、使用虚假公文书。

据律师称，前市议员大野生前，在被问到通过虚构的委托筹措资金的用途时，说这是在市议员选举前夕的3月下旬作为"前线慰问"发放给了党派的市议员和新人候选人。之后的调查证实，市议员和新人除其中的2人外，共计15人收受了数十万～百万日元。"（日经新闻web版2015年8月11日）

〔例33〕问题在于，划线部分的"负责委托的，"这个逗点。在划线句子中，"负责委托"的人，从句子的结构来看，应该与"代理律师"相关联。但是，从前后的句来看，"负责委托"的应该是"前市议员大野一"，所以这个逗点的打法是不正确的。

像这样，","逗点在用于表现"关联关系"时，尤其是在与"一大串单词（名词或名词句）"相关联时，根据使用方法的不同,可能会被错误理解。

> 〔例34〕"他的面包师父亲被捕时,住在君士坦丁堡,一位亚美尼亚出版商告诉了《赫芬顿邮报》US版这一点。"(The Huffington Post Janpan(译文)2015年5月25日)
>
> 日语原文:パン屋だった父親が逮捕された時、コンスタンティノープルに住んでいたという、アルメニア人出版ご業者はハフポストUS版にこう語った。

〔例34〕从这个句子的结构(语法)来看,"被捕时"这一从句,应该与"告诉"有关。一般来说,打在复句的从句上的逗点是与主句的主语、谓语相关联的。如果省略了前面的文字,可能很难理解,这段文字其实是在说,回想1915年时,"在父亲被捕时住在君士坦丁堡"。既然如此,就应该是下面这篇文章。

> 〔例34的修正〕"在面包师父亲被捕时,(删除逗点)住在君士坦丁堡的,(删除逗点)一位亚美尼亚出版商,告诉《赫芬顿邮报》US版了这一点。"
>
> 日语原文:パン屋だった父親が逮捕された時、〔読点を削除〕コンスタンティノープルに住んでいたという、〔読点を削除〕アルメニア人出版業者は、〔読点を追加〕ハフポストUS版にこう語った。

> 〔例35〕"(a)〔因霸凌而身受重伤,胸部骨折的〕男学生被送往医院时,担任顾问的男教导员指示副顾问,让其谎称"就是从楼梯上摔下来的"。
>
> (b)学校校长得知此事后,曾下令对男教导员施暴的男性成员禁赛但他没有服从。
>
> (c)对于教育委员会的调查,该男教导员说:"我认为报警会让问题变大,我没有隐瞒的意图。"(Yahoo!—每日播报2016年2月23日发送)

在〔例35〕中,读一读(b)段的文章,一般会理解为"学校校长"(主语)命令"对男教导员实施暴力的男性成员"停止比赛(谓语),而"男性成员"却没有遵守。但是,这样的话,从上面读来就会发现与(a)段的意思并不一致。于是,读了后面的(c)段,才终于明白了(b)段的意思与上述理解是完全不同的。也就是说,(b)段是"学校校长,(对于)男教导员命令到,对实施暴力的男性成员禁赛,但是(男教导员)却没有遵守"。很明显,这是逗点标注错了(其他报道这一事件的媒体都没有这样的错误)。因此,在这种情况下,划线的两个逗点是必要的。

(5)缺少逗点(不标注就会产生其他含义)

下面〔例36〕的问题是,在需要标注逗点的地方没有标注,而导致可能产生其他意思。

> 〔**例36**〕"在美国亚利桑那州的尤兹利山公园,一名23岁的男子正在享受早晨的远足活动,突然被一大群蜜蜂袭击,并在所送医院死亡。
> 他说,当时和他在一起的朋友们倒在地上,试图将身上满是蜜蜂的受害者救出来,但被蜜蜂缠住,没能如愿。朋友们为了躲避蜜蜂跑到附近的洗手间中。"(CNN.jp 2016年5月28日)
> **日语原文**:一緒にいた友人らが地面に倒れ、体一面がハチだらけの被害者を助け出そうとしたが、ハチに邪魔されて、かなわなかったという。 友人らはハチから逃げるため近くの手洗い所へ駆け込んでいた。

在这个例子中,如果不在"朋友们(友人ら)"后面加上逗点",(、)",改成"朋友们,倒在地上(友人らが、地面に倒れ)"的话,就会变成倒在地上的应该是"在一起的朋友们"。但从前后文字来看,倒在地上的应该认为是"受害者",所以这个逗点是必要的。

像这样,添加一个逗点的话,意思就完全不同了,所以需要注意。

(6)副词(副词句)或接续词后标注逗点"、"

这一点虽只是笔者的个人喜好,但在"特に(特别)""元来(本来)""依然(依然)"等副词,以及"しかし(但是)"等接续词的后面,最好还是加上逗点"、"。原因如下。

ⅰ 避免连用修饰语和名词的结合。在"依然~"等后面接的名词是汉字形式的情况下,作为连用修饰语的"依然"和作为宾语的后一名词之间,用逗点隔开,在视觉上也会更明了。由于两者是性质不同的汉字,所以还是分开比较好。

ⅱ 与复句中的两者相关联的连用修饰语。当副词(副词句)与复句中的两者相关联时,为了明确修饰关系,应该加上"逗点"。例如,在本书的"作为学术论文的文章,其实无须使用华丽的辞藻,也无须凝练(学術論文の文章は、別に、美文である必要もなければ、凝った文章である必要もない)"[第一编Ⅲ3(1)(第38页)]这一表达中,"別に"是与2个句子相关联的副词,即便不加逗点,即使是"別に美文で~"也很明显是与2个句子相关联的,所以不要逗点也罢,但我个人更喜欢标上逗点的"別に、"的表达形式。

ⅲ 单独的接续词。另外,"しかし(但是)""あるいは(或者)"等,放在句子的开头被单独使用的接续词,即使是在让读者换口气的意义上,也应该在其后面标上逗点"、"吧。因为逗点不

仅设定了阅读的节奏,还有强调"在那里,某个对象被如何"的意思。

(7)逗点对于作者来说是换气点

逗点是为了让读者"方便阅读",但写作的人可能不太能意识到这一点。笔者有时会在换气或顿笔的地方打逗点。因为没有逗点,所以也可以考虑是按照汉文的返点*(レ点)来打字的。上述〔例16〕"『セクハラ』騒動で前村長が辞職した宮城県大衡村長選は26日……(因'性骚扰'骚乱在26日前村长辞职的宫城县大衡村长选举中……)"也是在主语后先不标注逗点而在日期后再标注,从换气的角度来说也更便于阅读。

现在,虽然文章一般都已经用打字机来书写了,但这是1980年左右以后的事,之前都是用钢笔写作。在那时,有时不能像打字机打字那样快速写作,一边勤快地动着手指一边拖动着钢笔,如此,逗点也会变多。换气也好,顿笔也好,因为没有规则,所以只要是适当地标注就可以了。

不过,大量使用逗点,并写出通俗易懂的句子的是铃木禄弥博士(日本东北大学名誉教授)。读铃木博士的著作,虽然逗点多得让人不知道那个语句会与哪里相关联(只是换气性的逗点),但

---

* 所谓"返点",是一种用来帮助将汉文也即古典中国语的语序转化为日语语序的标点符号,分为大返点和小返点,后者又称为"レ点""雁点"。连续两字的上下语序颠倒必用"レ点",没有例外。用"レ点"标记语序颠倒时,必然在下一个字的左上处标上"レ"这个符号(日文为纵向书写),然后自下而上返读。例如,"匹夫不可奪志也"就可标为"匹夫不レ可レ奪レ志也",然后从最后一个字开始往上逐字颠倒,即不←可←奪←志,转化为日文即为"志ヲ奪フ可カラ不ル"。——译者注

是,由于有表达技巧,所以内容非常容易理解。手写时代的优点就在此体现出来了。

(8) 中国的句读标法

日语中原本没有使用标点符号的习惯。文字是供"有学问的人"读的,而他们即使没有标点符号也能读懂。因为日本的汉字是从中国引进的,所以我本以为在中文中也没有标点符号的标法,但是其实中国自古以来就有,特别是中华人民共和国成立后,制定了《标点符号用法》,并进行了数次修订,现在最新版是2011年发布的。

因此,虽然与日本的用法略有不同,但在此还是附上以中国国家标准化管理委员会公布的《标点符号用法》(2011)为基础制作的《常用标点符号用法简表》。留学生可以用作参考。

【常用标点符号用法简表】

名称	符号	基本用法说明
句号	。	用于陈述句的末尾和语气舒缓的祈使句末尾。1.用在句末,表示陈述语气。2.有些祈使句语气比较委婉,句尾可用句号,不用叹号。
问号	?	用在疑问句的句尾,表示疑问句末尾的停顿。1.特指问句。2.设问句或反问句。3.选择问句。4.对生年、卒年不详或有疑问的用问号表示。
叹号	!	用于表示一句感情强烈的话完了以后的停顿。1.用在赞颂、欢喜、激动的句子的句尾。2.用在表示命令、祈使、请求等有感情的句子的句尾。3.用在不需要回答而又语气强烈的反问句的句尾。4.用在拟声词后,表示声音短促或突然。

（续表）

名称	符号	基本用法说明
逗号	，	用于表示句子内部一般性停顿。1.用在复句的各分句之间及倒装句成分之间。2.主语部分较长或主语部分是动宾词组、主谓词组，它的后面往往用逗号。3.在要强调的主语、谓语、宾语、状语后面用逗号。4.用在同位成分或独立成分前后，及在关联词语之后。5.句首呼语和句中呼语不带强烈感情色彩的，其后用逗号。7.在"表示""认为""强调""证明"等提示语后面，不是特别强烈的用逗号，不用冒号，用逗号。8."首先""其次""第一""第二""第三"等序次语后面用逗号。
顿号	、	用于句子内部并列词语或短语之间的停顿。1.用在并列的词、并列的短语之间。2."一""二""三"……或"甲""乙""丙"……充当序次语时，在它们后面用顿号。3.标有书名号、引号的并列成分之间书名之间通常不用顿号。若有其他成分插在并列的引号之间或并列的书名号之间，宜用顿号。4.顿号相当于"和""以及"之类连词。5.并列的联合词组比较长，停顿大的，就用逗号。
分号	；	用于分号表示复句内部并列分句之间及分行列举的各项之间的停顿。1.在两个以上并列分句的复句中，各并列分句之间用分号。2.用于分清层次。3.并列的几个分句，不论其结构是否一致，几个并列分句之间，都应该用分号。
冒号	：	用于表示提示性话语后面或总括性话语前面的停顿。1.用于提示下文，用在"说""注意""指出""宣称""证明""例如"等词语后面。2.用于称呼语后边，表示引语。3.用于总说性话语后边，以总结上文。4.用于需要解释的词语后边，表示引出解释或说明。5.用于写信、讲话稿的称呼语等的后边。

（续表）

名称	符号	基本用法说明
引号	" "' '	用于行文中直接引用的部分。1.标明文章中引用的部分。2.对要着重论述的对象，或对重要的、特定的词语用引号。3.把表示否定、反义、借用或讽刺的词语用引号引起来。4.文章中简称用引号。5.引用成语、俗语、术语、歇后语要标引号，因为同样是引用别人的话。6.表示节日、纪念日的数字部分和重大历史事件用数字标示的部分要用引号。7.象声词、音译词要用引号标示。8.文中的绰号以及需要强调的专有名词用引号。9.引号里面还要用引号时，外面一层用双引号，里面一层用单引号。
括号	（）	用于行文中注释的部分。注释句子中某些词语的，括注紧贴在被注释词语之后；注释整个句子的，括注放在句末标点之后。圆括号（　），有的叫"小括号"。方括号［　］，多用于文章注释的标号或根据需要作某种标记。六角括号〔　〕，多用于文章注释标号或根据需要作某种标记。方头括号【　】，有的叫"黑括号"。大括号｛　｝，用于事项列举分承的各项之前或含有专用术语且含有小括号的内容外面。1.文中语句的注释要用括号。2.序次语和订正、补充词语用括号。3.表示插说的词语用括号括起来。4.交代时间、地点或文章出处要用括号。5.对生字进行注音用圆括号（　）。
破折号	——	用于行文中解释说明的部分，或表示语意的转换、跃进，或表示语言的中断，"折"把意思转到另一个方面。1.用于意思的转换或话题突然转变。2.用于表示注释内容。3.用于声音延长的拟声词后面，表示声音的中断、停顿或延长。4.用在副标题前面，起解释补充正题的作用。5.破折号用在总结上文或引起下文。6.标示插入语。7.标示引出对话 8.表示事项的列举分承。

(续表)

名称	符号	基本用法说明
省略号	……	用于标明行文中的省略了的话题。1.省略引文的部分。2.省略重复的词语。3.省略列举的人和事物。4.表示沉默或虚缺。5.表示声音断断续续。6.表示含糊其辞。7.用省略号表示没有说完的话。
连接号	—	用于把意义密切相关的词语连成一个整体。1.两个相关的名词构造成一个意义单位，中间用连接号。2.相关的时间、地点或数目之间，用连接号，表示起止。3.相关的字母、阿拉伯数字之间，用连接号，表示产品型号。4.几个相关的项目表示递进式发展，中间用连接号。此种用法在 1995 年底以前归属于破折号，《标点符号用法》的国家标准发布后归属于连接号。
间隔号	·	间隔号过去也叫分读号或音界号，在字身中间，印刷上叫中圆点，占一个字的位置。1.用于外国人和某些少数民族人名内各部分的分界。2.用于书名与篇（章、卷）名之间的分隔。
书名号	《》	1.书名号用来标明书名、报名、期刊名、篇章名、剧目名、歌曲名和法规文件等题名。2.书名和篇名同时出现只用一个书名号。3.词牌名和题名同时出现要用书名号。4.书名号又分双书名号(《》)、单书名号(<>)。书名号里面还要用书名号时，外面用双书名号，里面用单书名号。
着重号	.	用于标明要求读者特别注意的字、词、句。在横排的文字，着重号放在被标示的文字的下面；在文字竖排时，着重号放在被标示的文字的右边。
专名号	—	用于标示人名、地名、朝代名等。过去用在人名、地名、国名、朝代名、种族名、机关团体等名的下面，是一条细线。专名号的长短视专名所占位置的长短而定。

8　接续词和接续助词

(1) 作为接续词的"が、"(单独用法)

"が、"有时也单独作为接续词使用。更准确地说,是有作者喜欢使用这个用法。这里的"が、"原本是作为接续词的"だが""ところが""しかし""しかしながら"(这些都是表转折的接续词,意思是"但是、然而")等的简略形式。然而,除此之外,在简略形式的"が、"所给人印象中,还有一种特殊效果,那就是特别吸引读者的注意力(我是这么认为的)。

对于"が、"的用法,获得公认的是京都大学的佐藤幸治名誉教授的使用。

〔例37〕(α)"古典的英国议院内阁制是,国王(元首)和议会对峙,国王任命的内阁必须得到议会(下议院)的信任,并以此为任职的必要条件,同时国王拥有下议院解散权的体制。(が、)此后国王的权力被名义化,内阁成了政府的主体,建立了以在议会中占多数的政党为基础组建政府的议会优势型统治体系。"①

(β)"一次性设置了太多的法科大学院,没有实现预想增加的司法人员的数量,取得法律从业资格者的'就业难'被广泛谈论等,这些因素叠加在一起,对法科大学院展开了相当严厉的批评。(が、)在研究型教员和实务型教员的共同努力下,取得我国前所未有之教育成果的法科大学院倒也不在少数。"②

---

① 〔日〕佐藤幸治『憲法(新版)』(青林書院,1990 年)189 頁。
② 〔日〕佐藤幸治『立憲主義について—成立過程と現代』(左右社,2015 年)243 頁。

由于佐藤教授也经常使用"だが、""しかし、"等接续词,所以"が、"的用法明显是区别于这些接续词的,表示的不是转折,而是顺接。在此意义上,可以说是通过简洁的表达让人印象深刻的且具有作者的特征化、个性化的用法。

此外,对于接续词"が、",与法学界相反,在人文类文章和文学写作中非常多见,作者对此的青睐可见一斑。

回到正题,要说作为接续词的"が、"在社科类文章中一般已成为成熟之表达,我觉得倒也未必。果真如此,尽管在小说等中可以大量使用,但在学术论文(硕士论文、博士论文)或答案等以"评判"为前提的写作中,由于评判者可能不喜欢这种表达方式,所以还是少用为好。既然原本是"だが""しかし""ところが"等的简略形式,所以直接使用它们就可以了,没有必要在论文和答案中展现出表达上的特征和个性。

(2) 接续助词"～であるが、……"

下一个问题是,接续助词"～であるが、……"。这里"が、"的用法是与其他语句相结合,在并列句或复句中作为接续助词使用的情形。使用这个接续助词为了把两件事结合起来,但是,根据关联关系的不同,有顺接的用法,也有逆接的用法,还有两者兼具的用法,这导致了因果关系·逻辑关系的不明确①,有不少问题。

因此,这不是法律应该使用的语句。法律条文的句子结构以

---

① 〔日〕岩淵悦太郎編著『悪文[第3版]』(日本評論社,1979年)23、33頁。此外,该书的111页以下,还详细说明了接续助词"が、"的多种功能。

"在一定要件(原因)下产生一定效果(结果)"这样的<要件·效果>为基础,所以应该说,并没有可能造成模糊表达的接续助词"～であるが、……"的使用余地。

然而,在2017年的民法(债权法)修正中,《民法》第511条第1款和《民法》第520条之十的条文中,却使用了接续助词"～であるが、……"。如〔例38〕。

> 〔例38〕"被扣押债权的第三债务人,不得依其扣押后取得的债权以抵销的方式对抗扣押债权人,但得依其扣押前取得的债权以抵销的方式对抗扣押债权人。"(民法第511条第1款)
> 日语原文:差押えを受けた債権の第三債務者は、差押え後に取得した債権による相殺をもって差押債権者に対抗することはできないが、差抑え前に取得した債権による相殺をもって対抗することができる。

这恐怕是民法(实定法)中第一次使用这个语句。而且,通过"が、"所联系的前段和后段是"不得依其扣押后取得的债权以抵销的方式,但得依其扣押前取得的债权以抵销的方式(差押え後に取得した債権では相殺ができないが、差押え前に取得した債権では相殺ができる)",所以前段和后段只不过是重复了同样的话,这样的表达是不必要的。关于这一问题,已在拙著中指出,现将其转录如下①,以代说明。

> 【关于法条的表达·用语】 第511条第1款是使用了接续助词"～が、…"的并列句和复句。恐怕在民法(实定法)中,使用接续助词"～が、…"的,也只有这个条文和第520条这两条了吧。

---

① 〔日〕近江幸治『民法講義 IV 債権総論〔第4版〕』(成文堂,2020年)311頁以下。

> 这一接续助词"が、",是在将两件事情(前段和后段)联系在一起时,在反论的用法、并列的连接、前置的或补充的说明、既定的逆接条件等情况下使用的,是为了营造出不"将前段和后段的关系清楚地表露出来"的模糊表现性(参见〔日〕岩渊悦太郎编:《第三版 悪文》,日本评论社1979年版,第111页以下(列举了"が、"的拙劣之文的例子)。
>
> 除程序性规定和定义规定外,实定法的条文一般以满足"一定要件"、产生"一定效果"(权利的得失变更)这样的"要件·效果"(原因·结果)的模式来规定。因此,"要件"部分的接续助词,通常是"~的情况下,(~の場合、)"或者"~的时候,(~のとき、)"这样的严格表达,并规定与之相对应的"效果(权利的得失变更)"。因此,在实定法规定中,原则上不需要该模式以外的句子结构。
>
> 正因如此,在法律条文中,应极力避免使用模糊的接续助词"が、"。顺便一提的是,第511条前段和后段不过是在说同样的事情而已。

(3) 作为独特法律用语的接续词

在法律条文或法学类论文中,为了准确把握复杂的内容,避免产生疑义,因此对于接续词的使用也有一定的要求。在小型的六法全书的背页也有相关说明,在此,仅就频繁使用的接续词的"独特"用法[①],列举几个例子。

[①] 这里所说的"独特",是指例如,"並びに"一般用于连接名词和名词,但在法律中也有用于连接动词的情况。对此,岩渊悦太郎指出了这种不协调之处,其说道:"这种用法只在法律专业领域中使用还好,但如果作为普通的现代日本语的句子来看的话,就是不符合标准的了"。〔日〕岩淵悦太郎编著『悪文〔第3版〕』(日本評論社,1979年) 98頁以下参照。

(a)并列的接续词"及び・並びに"

i 单纯的并列。用"及び(以及)"。但并列三个以上语句时,用逗点"、"连接,最后再加"及び"。不要重复使用"及び"(以下同此)。

ii 多层次的并列。最小的一层用"及び",在此之上的更高的层级用"並びに(并且)"。

(b)选择性接续词"又は・若しくは"

i 单个的选择。单个使用的情形下,用"又は(或)"。

ii 多层次的选择。按照惯例,选择语句有好几个层级时,小的层级用"若しくは(或)",大层级的用"又は",而选择的语句有三个以上层级时,只有最大的层级接续用"又は",其他的都用"若しくは"。

[例39]"符合下列各款之一者,单处或并处三年以下有期徒刑或三百万日元以下罚金。

一、实施以避开技术保护手段(a)或避开技术使用限制手段为其功能的装置(包括易于组装的该装置的一套零部件。)(b)或以避开技术保护手段(c)或将以避开技术使用限制手段为其功能的程序的复制品向公众转让,(d)或出租,以向公众转让(e)或出租为目的制造,进口,(f)或持有,(g)或供公众使用,或向公众传输该程序,(h)或使传输成为可能的行为(如果该设备或程序同时具有该功能以外的功能,则仅限于使侵犯著作权的行为能够通过规避技术保护手段来实现,或根据第一百一十三条第六款被视为侵犯著作权、出版权或与著作权有关的权利能够通过规避技术限制手段加以实现的用途)的人"。(《著作权法》第120条之2第1号)

日语原文:次の各号のいずれかに該当する者は、三年以下の懲役若しくは三百万円以下の罰金に処し、又はこれを併科する。

第二编 文章的写法——文章表达的技巧 107

> 一 技術的保護手段の回避（a）<u>若しくは</u>技術的利用制限手段の回避を行うことをその機能とする装置（当該装置の部品一式であつて容易に組み立てることができるものを含む。）(b)<u>若しくは</u>技術的保護手段の回避（c）<u>若しくは</u>技術的利用制限手段の回避を行うことをその機能とするプログラムの複製物を公衆に譲渡し、(d)<u>若しくは</u>貸与し、公衆への譲渡（e）<u>若しくは</u>貸与の目的をもつて製造し、輸入し、(f)<u>若しくは</u>所持し、(g)<u>若しくは</u>公衆の使用に供し、又は当該プログラムを公衆送信し、(h)<u>若しくは</u>送信可能化する行為（当該装置又は当該プログラムが当該機能以外の機能を併せて有する場合にあつては、著作権等を侵害する行為を技術的保護手段の回避により可能とし、又は第百十三条第六項の規定により著作権、出版権若しくは著作隣接権を侵害する行為とみなされる行為を技術的利用制限手段の回避により可能とする用途に供するために行うものに限る。）をした者。

〔例39〕除"一"号的括号外，正文中有8个"或（若しくは）"((a)至(h))和1个"或（又は）"。首先，(a)并列地连接"技术保护手段的回避"和"技术利用限制手段的回避"，修饰"以进行（其回避）为功能的装置"，制作 A 句。其次，(c)通过重复(a)，修饰"以进行回避）为功能的程序（的复制品）"，制作 B 句，(b)并列地连接它。(d)连接着"设备"（A 句）或"程序"（B 句）是"转让给公众"还是"出租给公众"，(e)连接着向公众转让和出租，(f)连接着其"有目的地制造，运输和持有"，(g)连接着其与"供公众使用"。"或"是连接以上内容和之后的文章的大段落的接续词。(h)是以后的连接。这样的拼接方式是否易懂，只能取决于国民的感想和日语学者的意见。

(c)假定条件的接续词"場合・とき・時"

这些接续词是法律条文和法律类文章中经常使用的重要用语。它们都是接受连体修饰语,以作为其内容的状况(动作、作用、状态、性质等)为假说条件,连接到正文的接续词用法的名词。

这些都是相同的意思、用法,使用哪一个都可以。"〜それは、『時と場合』によりけりだ!(〜这要看'时间和场合'了!)"诸如此类的用法也可以看出。但是,原来的意思是,"場合"是"状况"的限定,"とき"是"时间"的限定。而在法律类文章中,一般使用如下的区别标准。

i 接受一个连体修饰语的情况用"〜とき、"。在法律条文中,单纯接受一个连体修饰语的情况(一个假说条件的情况),使用"〜とき、(〜时,)",而不使用"〜場合、(〜情况下,)"。

〔例40〕"当事人一方行使其解除权时,各当事人有义务为相对方恢复原状。"(《民法》第545条第1款正文)

但是,因为这是法律条文中的使用方法,一般人在普通文章中使用的时候,就不会拘泥于此。因为两者是相同的用法,意思也没变。倒不如说,"〜場合、"是一般化的用法。

ii 在一个句子内反复使用同一个词汇。"〜場合"也好,"とき"也好,在同一个句子中,请勿重复使用其中的一个词汇。当然,真要重复使用也可以,这不过是修辞问题。

〔例41〕在设定了两个条件的情况下,原则上,大的条件用"〜場合",小的条件用"とき"[例如,"〜である場合において、……であるときは、(在〜情况下,当……时)"]。

〔例41〕"在 A 解除与 B 的合同的情况下(場合において),当 B 已经将标的物转售给 C 时(ときは),A 能否从 C 处取回标的物将是一个问题。"

> [**例42**]"在当事人一方不履行其债务的情况下(場合において),当相对方催告其在规定的相当期限内履行,而其在此期限内未履行时(ときは),相对方可以解除合同。"(《民法》第541条第1款)

但是,通过"～とき、"进行时间上的限定时,在这里面,如果出现有必要分情况(情形)的时候,也可以将两者的顺序反过来使用。另外,在某个假设性前提中,同样是在说明各种情形时,也会出现反过来使用的情况。

ⅲ "とき"和"時"的区别。在古代,对于接受连体修饰语的接续句,一般使用汉字的"時"。但是,近来,在使用该汉字的原本含义的情况下,如果"汉字"的原本含义已经淡化,变成是在连词的、副词的、助词的层面来使用时,用"平假名"来代替汉字的情况已经非常普遍。现在,在已经失去了时间上的意义,被作为"接续句"来使用的情况下,一般使用"とき"而非"時"。

此外,在将时间、期限作为限定条件时,则使用汉字"時"。

(4)比较形式是"AとB"还是"AかBか"

这种写法是,在标题和正文中,自己设定假设性案例,并以此为基础进行论述的一种表达方法。这在专业论文中也是常见的手法。顺便一提,无论是在本节的标题中(「AとB」か「AかBか」か),还是上述5(1)的"接续主语的助词'は'和'が'(主語を受ける助詞『は』と『が』)",抑或是后述的第十节中的"是用'汉字'还是用'平假名'(『漢字』表記か『ひらがな』表記か)",都对两者进行了区别使用(无论哪种都行的想法,以后恐怕不能再有了)。

相较于在前者"AとB"中,只是简单地将事物并列起来讨论其差异和特征,后者"AかBか",是通过采取询问读者的回答和判断的形式,达到让读者思考的效果的一种表达方法。在本书中,第十节的问题,在法律领域中一般是很受关注的,所以特意将采取了后一形式的标题。

(5)接续词(单独用法)之后要标注逗点"、"

"しかし(但是)""あるいは(或者)""他方・一方(另一边、一边)"等,放在句子的开头,单独使用的接续词,在它后面应该标注逗点"、"。接续词后标的逗点,既是为了让读者有换气的机会,另外,也有强调"在那里,某对象被如何"的意思。

⑨ 括号的用法

(1)括号的种类

在"括号"中,有许多不同的种类,并有其各自的惯常用法。

①直角引号「」 一般在"引用"或"语句的强调"以及"所谓"的意义层面进行使用。

②圆括号() 一般在"注释"或补充说明的层面加以使用。

③半括号) 用于标题。

④方头括号【】、六角括号〔〕、方括号[] 主要作为作者的特别标记来加以使用。

⑤书名号(山形括号)《》・〈〉・<> 虽然使用方法没有特别规定,但一般是根据作者的喜好,作为对语句的强调来加以

使用。

⑥大括号(波形括号){ } 主要用于理科。

在此,主要就对于论文写作而言重要的,①作为"引用"来使用的直角引号,②作为"注释"来使用的圆括号,加以说明。此外,关于这里的,"引用与参照之间的关系"以及"注释的方式",将在后面的第四编Ⅰ"研究规准"[2]"'引用的自由'与'限制'"中进行论述。

(2)作为"引用"的标记的直角引号「 」

(a)「 」(单层直角引号)

一般在"引用"或"语句的强调"以及"所谓"的意义层面使用。换言之,第一种情况是<u>直接引用文献中的句子</u>的情形。此时,如果引文中已经使用了「 」,则需将其转换为『 』(双层直角引号)。* 因为是直接引用,所以要注意抄时的错误。第二种情况是作为引用论文标题的标记。另外,在中国,这个情况下习惯使用双层直角引号『 』,**但这只是中国的习惯,没有问题。第三种情况是,用于未普及的作者的独创概念或特殊用途的术语,这一"所谓"的意义上使用直角引号。

(b)"『 』"(双层直角引号)

除上述第一种情况中直角引号内的直角引号要发生变化的情形外,也会用于第二种情况中表示文献标记中<u>单行本的标题</u>。这是为了清楚地区分论文和单行本。

---

* 这里讲的是写作日语论文时的情况,对应于中文中也有相似的情形,即在直接引用时,应该将文本中的双引号改为单引号。——译者注

** 本书作者在这里想说的应该是,双引号""。——译者注

(3)作为"注释"的标记的圆括号( )

对于通常意义上使用的圆括号( ),即便不加解释,也能知道它被用作对前面的语句、句节或句子的解释(注释)。圆括号的使用方法也有好坏之分,但是在句中使用括号的情况下,特别应该注意以下两点:①<u>不要过多地使用括号</u>;②<u>避免在括号内写长句子</u>。

如前文所述,日语中关系句和间接叙述法不发达,所以不能否认圆括号所发挥的相应的替代功能,这也导致存在不得已要频繁使用的情形。但是,在要多次使用括号的情形必须探明,到底要将什么放在括号内,正文又该如何,终究要多费些心思。我在《民法讲义》中使用"插注"(将句子用小号文字排成两段的注),是考虑到要以直观的方式区分正文和注释,以便眼睛只用来追踪正文 [参见后述第四编 Ⅰ 6 (5) (d) (第 162 页)]。

因此,至少不要用多重"嵌套"的结构来使用括号。在法律条文中,我们可以看到令人瞠目结舌的多重括号和嵌套括号。作为例子,举一个极其难以理解的法律条文。〔例 43〕就是"规定关于特定电信服务提供者损害赔偿责任的限制和拨号者信息披露法第四条第一款的拨号者信息的省令(平成 14 年)"。

〔例 43〕"有关电信服务提供者损害赔偿责任的限制和发信者信息披露的法律第四条第一款所规定的,有助于识别侵害信息发信人的信息中,由总务省令规定的如下:

……

五 来自涉及侵害信息的移动电话终端或 PHS 终端(a)-1(以下简称"移动电话终端等")的互联网连接服务用户识别

符号(a)-2（也即基于由为了对来自移动电话终端等的互联网连接服务(b)-1(也即在与用户的电信设施相连接的一端是由无线组成的终端系统传输线设施(c)-1(即与终端设施(d)-1(也即电信服务业法第五十二条第一款规定的终端设施。)或自营电信设施(d)-2(也即该法第七十条第一款中规定的自营电信设施。)相连接的传输线设施。)中其一端与搭载了浏览器的移动电话终端等相连接以及使得能用浏览器连接互联网的电信服务(c)-2(也即该法第二条第三号中规定的自营电信服务。)。以下相同。)的用户在网络上进行识别，而提供该服务的电信从业者(b)-2(也即该法第二条第五号中规定的电信从业者。以下相同。)所指定的字符、编号、记号以及其他符号,通过电信(b)-3(也即该法第二条第一号中规定的电信。)来发送的信息。以下相同。)"（为了方便读懂,笔者加上了记号和各种下划线)

以上第五款规定的正文不过是,"来自涉及侵害信息的移动电话终端或PHS终端的互联网连接服务用户识别符号"这样的简单句子。然而,却用了九个括号,并形成了四重嵌套结构。由于其中(a)-1与(a)-2并列,在(a)-2中,有(b)-1、(b)-2、(b)-3,(b)-1中又有(c)-1、(c)-2,而(c)-1中还有(d)-1和(d)-2相并列,如果仅是一眼看过去,普通国民恐怕无法理解。

下面还有一个同样是嵌套括号结构,且难以理解的法律条文。

〔例44〕"对有下列任何一款之行为的人,单处或并处五年以下惩役或五百万日元以下的罚金。

……

五 向公众提供可有助于侵害他人作品等程序的人〔提供

包括用于向公众提供网站等和其他相当数量的网站等网站，或用于向公众提供有助于侵害他人作品等程序和在用于向公众提供有助于侵害他人作品等程序的网站上，单纯提供向公众提供有助于侵害作品等程序之机会的人（但在相当长的一段时间内，对著作权人等提出的关于删除有助于侵害他人作品等程序所提供的侵害源识别码等的请求无正当理由不予回应，以及具有其他被认为不正当损害著作权人等利益的特殊情况的除外。）除外。］"（《著作权法》第119条第2款第5款）

这是处罚"向公众提供有助于侵害他人作品等程序的人"的条文，并将其例外以括号的形式加以规定（本号规定为2020年修法时增设）。在这个例外中，除了横跨8行（300字以上）进行规定，括号内的双重例外结构也是个问题（末尾的"~除外"。……除外。（「~を除く。」…を除く。）"）。即使就日语而言，也绝不是简单易懂的表达方式。一直以来，都是在列举处罚对象的基础上，以"但是，~不在此限（ただし、~はこの限りでない。）。"的方式，对例外情况进行书面上的说明。对于研究者来说，至少在自己执笔的论文中，应该避免过度使用括号。

(4) 圆括号内有必要加句号"。"吗？

如上所述，圆括号（ ）通常被用于对在此之前句子或词的说明。此时，有必要在括号内的说明语句的末尾加上句号"。"吗？

［例45］民法的条文"第七百零三条　无法律上之原因，因他人之财产或劳务受有利益，并使他人受有损失者（以下在本章中将之称为"受益者"。），于该利益存在的限度内，负返还义务。"（在2004年民法现代语化中增加了划线部分）。

〔例45〕问题在于,在这句话的括号内的"称为……。"(…という。)中标注"。"是否必要。句号是为了表示句子的结束而标注的记号。( )内如果有多个句子,那么在前一句的结尾处标注句号是理所当然的[例如,民法第 10 条"第 7 条所规定的原因消失时,家庭法院根据本人、配偶、四亲等内的亲属、监护人(<u>指未成年监护人和成年监护人</u>,以下相同。)……的请求,应当撤销监护开始的宣告"]。但是,因为( )是用于说明前面的句子·词的限定记号,所以对于( )内的句子和词,就不需要标注表示句子结束的记号等。这是我的一般感觉,现在的法律学者也都是这样使用的。

但是,由于法律条文的表述是像上面那样标注句号的,所以在法律类的论文中,在括号内的句子的最后标上句号的例子也随处可见。但是,考虑到括号符号的含义,我认为完全没有必要在括号内的句子的最后标上句号。

不过,在段落等的最后,有时会用带括号的句子作为补充,这种情况应该另当别论,是正当的使用方法。

〔例46〕"……如他们一样笼统地说,伦理学家序列中的正义论者,关注国民的收入和财富,更直率地说,金钱的分配问题。<u>(诸如也应将效用和'潜在能力'的分配作为问题的不同意见,在目前的背景下没有必要讨论。)</u>"(〔日〕龟本洋:《ロールズとテザート- 現代正義論の一断面- 》,成文堂 2015 年版,第 70 页以下)

在这种情况下使用的( ),所附加在最后的是其他句子,不一定和前面的句子有直接的关系,所以这里的句号是必要。

10 用"汉字"表示还是用"平假名"表示

(1) 以"常用汉字"为标准

日本国民一般使用的汉字,是于1946年昭和21年公布的"当用汉字"。其后于1981年(昭和56年)修订为"常用汉字"(此后也还有修订),成为现在"汉字"使用的一般标准。报纸等媒体和出版社的编辑部也以常用汉字为标准,区分使用"汉字"和"假名"。因此,对于非"常用汉字"的汉字,一般都用"平假名"来表示。

对于法律条文来说,无论是新制定的,还是新修改的,都以常用汉字的使用为标准。例如,将"看做す(看做)"改为"みなす(视为)",即变成了用平假名来表示。

> 〔例47〕"胎儿,就损害赔偿请求权而言,视为已出生。"(日本民法第721条)
> 日语原文:(α)"胎児ハ損害賠償パ請求権ニ付テハ既二生マレタルモノト看做ス"(旧民法规定第721条)。 而修正后,(β)"胎児は、損害賠償の請求権については、既に生まれたものとみなす。"(现民法第721条。2004年民法现代语化)。

(2) 对于动词,在原本用法中用"汉字",在习惯用法中用"平假名"

"动词"本来是表示主体的动作和状态等的谓语,但它大多脱离了本来的意思,在观念上使用(动词的观念上的用法)。这种情况下,标准是在本来的用法中使用"汉字",在本来意义淡化的观念用法中使用"平假名"。不过,这只是一个标准,根据作者的喜好使用汉字也没关系。

> 〔例 48〕(α)就"見る"一词来说,在原本的物理意义上进行使用的情况下写作"見る",在"认为"这一意义上使用的情况下写作"みる"。
> (β)就"持つ"一词来说,同样的,在原本的物理意义上进行使用的情况下写作"持つ",在"这个词语具有别的意义"等这样的抽象用法中写作"もつ"。

(3) 接续词和副词用"平假名"表示

近来,接续词和副词的标准写法,不再是用"汉字"表示,而是用"平假名"来表示。不过,这一点也可以说只是作者的偏好而已。

> 〔例 49〕"したがって"(←従って,因此)、"ただし"(←但し,但是)、"ひるがえって"(←翻って,反过来)、"もっとも"(←尤も,最)、"ちなみに"(←因みに,顺便)、"さらに"(←更に,此外,进而)、"～のとおり"(←通り,如)、等等。

(4) 习惯用法的例外

在接续词和副词中,也有习惯性使用汉字的情况。具体有如下两例。

> 〔例 50〕接续词中的"次に、(其次、接着)"(表示为"つぎに、"也可以)、"特に、(特别)"(无论是接续词的用法,还是副词的用法),副词用法中的"最も"等,无论是用汉字还是用平假名都可以。

〔例51〕在法律条文中，虽然根据上述的二、三等中的用法要改为"平假名"的词汇，但像"既に（已经）""又は（或者）""若しくは（或者）""並びに（和、以及）""及び（和、以及）"等接续词，则仍然习惯用汉字来表示。但在论文等中，没有必要模仿条文的表达形式。

11　"付"和"附"

接下来想说的是，与语法无关的汉字中的"付"和"附"。关于这个单词，以前统一使用的是"附"字（所谓的"旧字体"时代），在民法于2004年修正（现代语言化）后，两者被严格地区分使用。现在，与其说两者被等同，倒不如说，是用"付"来代替"附"使用（法律类的论文也是如此）。不过，在法律条文中，两者仍然是被严格区别使用的。

〔例52〕"不动产的所有人取得作为从属而附合于其不动产之物的所有权，但不妨碍根据权原而使该物附属之他人权利"。（《民法》第242条）
　　日语原文：（α）"不動産ノ所有者ハ其不動産ノ従トシテ之ニ附合シタル物ノ所有権ヲ取得ス但権原ニ因リテ其物ヲ附属セシメタル他人ノ権利ヲ妨ケス"。（2004年修正前的第242条）
　　（β）"不動産の所有者は、その不動産の従として付合した物の所有権を取得する。ただし、権原によってその物を附属させた他人の権利を妨げない。"（2004年修正后的第242条）

在2004年修正前，无论"附合"还是"附属"都使用"附"

(α),在 2004 年修正后,"付合"和"附属"被严格地区别使用(β)。

> 〔例 53〕"除抵押地上既存之建筑物,抵押权及于附加于某标的不动产而成为一体之物"。(《民法》第 370 条)
>
> 日语原文:(α)"不抵当権ハ抵当地ノ上ニ存スル建物ヲ除ク外其目的タル不動産ニ附加シテ之ト一体ヲ成シタル物ニ及フ"。(2004 年修正前的第 370 条)
>
> (β)"抵当権は、抵当地の上に存する建物を除き、その目的である不動産に付加して一体となっている物に及ぶ。"(2004 年修正后的第 242 条)

关于民法 370 条,在 2004 年修正前也是使用的"附加"一词(α),修正后改为了"付加"(β)。

> 〔例 54〕(α)"登记机关应按法务省的规定,规定应附加地号的区域,并对每一宗土地附加地号。"(修正后《不动产登记法》第 35 条)
>
> (β)"附属建筑物　是指附属于题名登记所在建筑物的建筑物,与该题名登记所在建筑物作为一个整体登记为一个建筑物的建筑物。"(同法第 2 条第 23 号)
>
> 日语原文:(α)"登記所は、法務省で定めるところにより、地番を付すべき区域を定め、一筆の土地ごとに地番を付さなければならない。"
>
> (β)"附属建物　表題登記がある建物に附属する建物であって、当該表題登記がある建物と一体のものとして一個の建物として登記されるものをいう。"

在 2004 年修订的《不动产登记法》,如上述〔例 54〕(α)·(β)所示,严格区分了"付"和"附"的使用。

综上所述,法律条文的表述违背社会通常用法,即使是在历来普遍使用"附"的场合,也将其区分为"付"与"附"。本来,所谓

"付",是在"つける・手渡す(装上・递交)"的情况下被使用的(他动词的),与此相对,所谓"附",是在"つく・加える(附上・添加)"的情况下被使用的(自动词的),后来被混用了。① 而现在两者已经完全混同了,而且一般使用的是"付",所以我想没有必要严格地加以区分。但"引用"条文的情况除外,此时仍应当按照条文的表述进行引用。

12 作为优美日语的修辞(总结)

以上讲述了论文写作,特别是社科类论文写作时,必须遵循的表达方法。最后,我想根据将之作为范本的两本指南来简要介绍一下,写出"简单易懂"文章的修辞的相关要点。不过,在这里,只是选取了要点的题目,至于内容还望读者自行查阅原著。

(1)岩渊悦太郎编著:《第三版 拙劣之文》,日本评论社1979年版

该书由已故的日语研究所所长岩渊悦太郎编写,清晰地展现了正确的日语表达方法和拙劣之文的例子。自我上高中时起,该书就一直被当作写作的典范,同时在内容上也是一本值得信赖的指导书。该书提出了"避免拙劣之文的五十条意见"(第225页以下),但在此,从本书的视角出发缩小了其范围,并将其分为以下16个项目(对用词进行了修改)。

① 过长的句子,要进行适当的拆分。

---

① 〔日〕山口明穂、竹田晃编『岩波漢語辞典』(岩波書店,1987年)。

② 不要在一个句子中，放入两个以上不同的事情。

③ 应使主语与述语之间的对应关系清晰明确，特别是不要漏掉述语。

④ 主语和述语之间要尽量靠近。

⑤ 在句子中间改变主语时，不能省略这个主语。

⑥ 在并列的情况下，要明确是什么和什么并列。

⑦ 不要在一个句子中使用两个以上相同形式、相同意思的助词。

⑧ 不要遗漏必要的助词。

⑨ 明确副词的对应。

⑩ 修饰语和被修饰语之间要尽量靠近。

⑪ 使修饰语所要修饰的目标清晰明确。

⑫ 不要添加过长的修饰语。

⑬ 在修饰语过长时，可以另起一句。

⑭ 在句子与句子的衔接中，要善于使用接续词和指示词。

⑮ 要注意不能随便使用接续助词"が"的地方。

⑯ 修改意思重复的表达和意思含糊的用语。

(2) 篠田义明著:《商务文完全掌握术》，角川 GP 2003 年版

该书的作者早稻田大学名誉教授篠田义明，是一位英语写作的指导专家[曾任早稻田大学和密歇根大学应用写作(TEP Test)测试委员会主席]，在法学研究生院所开设的写作课程(如何写作和修改英语论文)是参加海外研究和海外研习会的学生的必修课。该书讲述了用日语写作"商务文章"的方法。在这里，从"如何总结商业文书"的视角出发，从该书的第 1 章、第 2 章和第 5

章的"目录"中选取符合本书主旨的条目。

(a) 条理清晰的基础

① 要注意逻辑结构——为什么就写成了自说自话的文章？

② 要反复检查日语语法——为了不让读者感到困惑。

(b) 条理清晰所需的准备工作

① 写作前要如何推敲构思呢？

② 首先，要明确"目的"。

③ 简单易懂的文章，是由数据决定的。

④ 把分条列出的东西图表化。

⑤ 要注意"不言自明的道理"。

(c) 一时的偷工减料可能毁了整篇文章

① 一定要养成在写完之后重读文章的习惯。

② 把"もの（东西）"和"こと（事情）"替换成明确的词语。

③ 将"など（等等）"的使用限制在必要的最小限度。

④ 尽量去掉"～的""～性"这样的词语。

⑤ 在认为必要的地方标注逗点。

⑥ 用"6W1H"*的方法确认内容。

⑦ 在重读的时候，试着想想"所以，怎么了"。

---

* "6W1H"是一种被广泛运用于决策的工作分析方法，其中的"6W"指的是"What""Why""When""Who""Where""Which"，"1H"指的是"How"。在研究中，分别指代"研究的问题是什么""为什么要研究这个问题""问题产生和持续的时间""造成这一问题和被这一问题影响的人""问题发生的区域""哪种方案具有优先级""如何解决该问题"。通过对这七个方面的检查，可以确认文章的内容是否完整。——译者注

第三编

报告、小论文与答案的写法

本编的目的与上文讨论过的学术论文写作方法略有不同。在本科生和研究生的课堂上,总会有关于如何撰写报告和答案的问题。此外,你们最感兴趣的是如何撰写法学院入学考试中的论述和就业时的应聘申请表。总之,本编的目的在于阐述如何完成包括"文章的写作方法"在内的整个过程。

此前,我在研讨会和小班授课时,都会向学生分发一本名为"小论文与答案的写法"的几页纸小册子,但在出版本书之际,我决定将报告、小论文和答案等放在一起阐述,因为它们虽然不同于学术论文,但是在"结构"和"文章表达"方面与论文有共通之处。

1 报告、小论文与答案的特殊性

从形式上讲,"报告""小论文"和"答案"与学术论文或者研究性论文不同。即使是从内容上来看,它们与学术论文或者研究性论文也可能完全不同。不过,它们有一个共同点,即都是在

"一定时间"内以"文章"的形式就"给定的课题"予以表达并接受评估的书面作品。正因为如此,即便在初中和高中,学校也将写作步骤等作为一门教学科目来教授。

"报告""小论文"和"答案"与学术论文包含各自的目的,在明确这一点的前提下我们来思考"在一定时间内的文章表达"的方法这一共通的课题。

(1) 各自的特征

(a) 报告

报告主要是针对某一特定的"课题"进行调查、研究,并提出其调查或者研究结果。虽然"课题"通常是给定的,但也存在由作者任意决定的情形。

在大学演习课上,可以采用这样一种方法,即在年度日程表中确定主讲人,并要求主讲人在报告结束后提交一份关于该主题(论题)的"报告"。这是为了判断报告人对该主题的研究和报告程度,所以构成评分的一个环节。

公司有时也会要求员工就某一具体项目(业务)编写"报告",以征求其意见。常见的诸如,为确定或改变经营方针让员工做现状的调查报告,就未来如何发展"业务"广泛向员工征求意见。

报告的提交有期限,但没有字数的限制;即使有,所要求的字数也不多。研究性论文(research paper)在日语翻译中也被称为"調査報告書",在概念上存在与报告(report)重合的部分。尽管如此,如前文所述[第一编 1 4 (第 13 页)],因研究性论文可以"等同于修士论文",无论在形式上还是在内容上,两者之间存在不同之处。

(b) 小论文

"小论文"通常出现在大学和研究生入学考试(或 AO 考试)所要求的论述、就业考试的应聘申请(上文所述之公司内部的部分报告有时也被称为小论文),由于两者之间的区分甚为困难,本书就此点不做深入展开。两者的区分,只能根据使用目的来判断,而非根据名称等。例如,大学入学考试会要求考生用大约 1000 字来论述从社会问题中提炼而出的课题,研究生入学考试则会要求考生用一定字数论述特定专业领域中挑选出来的课题。

与下文所述的"答案"相比,由于小论文的"论题"(主题)是在撰稿之前就确定下来的,且有一定的完成时间,考生可以一边参考文献和资料,一边完成小论文。不过,即便主题是在撰稿之前就确定下来的,严格来说,也有两种情况:一是"事先给定主题",二是"由学生自己确定主题"。

ⅰ 主题"事先给定的场合"

在这种情况下,要求撰写小论文的目的是判断<u>该学生对某主题持何种见解</u>,以及其在不同学习阶段(高中、大学、研究生)积累了多少该主题的知识。这一点通过与其他人的比较来判断。

ⅱ 主题"由学生自己确定的场合"

在这种情况下,判断学生优劣的重要角度在于"<u>其为什么选择这样一个主题</u>",因为该学生是在写一个自己感兴趣的主题。该学生就这一主题有什么结论(想法),以及该学生为了得出这一结论(想法)在逻辑上如何推演,是判断该学生优劣的标准。就这一点的评判,不会与其他学生在同一竞技场上作比较。

然而,无论如何,小论文与答案相比,显然有更多的"时间上的宽裕",因此在资料收集和理解程度方面,与其他考生的差异较小。不过,也正因为如此,在文章的"表达力"方面会显现出明显的差异。

(c) 答案

问答题是要求学生在考场上对"突然给出的主题"迅速给出"答案"的考题。从而,答案的作用在于以下两个方面:①答案的好坏与对学生本人能力的评价密切相关;②这种评价往往决定与他人的竞争的结果。

因此,既然必须"立即作答",考生能否"立即作出判断的能力"、能否在规定时间内准确把握问题点至关重要。在此前提下,对所学知识的理解和学习量也是一种检验。

此外,答案目前都是"手写"的。因此,答案的字迹也是五花八门,有的字迹漂亮,有的字迹难以辨认(参见第 139 页的"答案评判的点滴")。站在现实主义的角度来说,阅卷人也是人,阅卷人不可能不受字迹好坏之印象的影响。因此,在答案的书写中,以下几点至关重要:

①"认真"书写(这关系到阅卷人能否顺利阅卷);

②在开始答题之前,仔细考虑一下要写什么以及如何写,以尽可能减少订正(满是订正的文章很难判读);

③订正时用整齐的双划线,订正内容易于辨认。

(2) 报告、小论文与答案的共同点

(a) 共同点——针对"给定课题"的"解答"

尽管如上所述,报告、小论文与答案之间有许多不同之处,但

从"文章表达"的角度来概括,它们有以下共同之处:

①特定的论题已经确定;

②必须在有限的时间内以文章的形式表达其对论题的态度;

③文章表达与对考生自身能力的评价密切关联;

④上述评价通常决定与他人竞争的结果。

(b)作为"评价对象"的"文章"

<u>文章正是"评价自身(能力)"的对象</u>。这不是针对"一个人脑子里的所思所想的评价",而是针对其以书面形式表现出来的<u>"文章"的评价</u>,从这个意义上说,这是一种间接性的评价。因此,个人的思维逻辑再好,如果写作能力差,评价自然就低了。

学术论文也是如此,尤其是在小论文和答案中,作者必须在一定的时间内用文字表达自己的观点,因此需要精湛的技术和表达能力,争分夺秒地"在短时间内找到结论,理顺逻辑结构,得出有效结论"。因此,"考试"大致上来说是一种间接性的评价。

既然如此,考生自然要考虑如何"应对"。简而言之,这就是"文章表达"的技术。前面已经详细论述了这一点[第二编"文章的写法"(第 57 页以下)],后面将重点讨论答案。

２ 问了什么——准确把握问题点

在本节中,我们将特别关注"答案","答案"在"主体确定后"的文章表达方面,与报告、小论文之间有一些相似之处,因此请酌情参考本节的适用性。

(1)厘清"题义"

(a)摸清"出题的意图"

第一步是找出<u>出题人</u>的"<u>意图</u>",因为主题已经被给定。这种"意图"不是结论,而是对"争论点"的厘清,即"法律上的问题是什么(或者在哪里)"。出题人理应已经在问题中明确表达出"某种意图"。在答案中,问题将取自讲义中已涉及的范围,因此如果你上过课,自然会知道出题人意图的内容。当代的话题(在法学中,如最新判例、立法动态等)是各种资格考试和小论文的关键。

(b)准确阐释"争议点"

这一点尤为重要。如果对"争论点的阐释"不准确,答案就会"答非所问"。所谓"答非所问",是指答题者产生了某种误解,给出了一个与问题无关的答案。在这种情况下,无论答案的内容有多好,这一答案都是针对一个不同的问题所作出的回答,因此这一答案没有就"给定的课题"作出回答,无法作为评价的对象。

这样的"离题答案"每年都会发生若干,多是论据充分的优秀答卷,令人遗憾(有必要指出的是,"离题答案"绝非偏离题义而针对另一问题作答以期待幸运降临的糟糕答案!)。

在整个制作小作文或者答题的过程中,"阐释论点"一定是最伤脑筋的部分。

(2)"阐释争论点"的具体操作

(a)仔细揣摩问题的形式、措辞等

"阐释争论点"的首要任务是<u>仔细揣摩问题的形式和措辞</u>。

出题的形式因问题而异，但出题人的意图必定存在于出题的形式和设问的措辞之中。果真如此，就必须发现措辞中包含的线索或者关键词。如果不能正确理解出题人的意图，答案往往会"离题"，因此必须小心谨慎。

(b) 所问的是自己的学习成果

"阐释争论点"的第二项任务利用迄今为止所学到的知识。在答案中，除了自己已经掌握的"知识"（如果是大学课程，则是其授课内容），考生不会被问到其他任何东西，即使是在小论文中，也不太可能被问到特殊的知识。如果觉得被问到了一些自己的知识范围之外的问题，往往意味着你学习得还不够。即使是小论文中经常出现的时事问题，也是有关经济、政治或社会等的时事问题，除这些领域中的基本事项以外的其他问题则不会被问及。

(3) 问题点的整理（文章表达的前阶段）

(a) 问题点的整理

在就被问及的问题用文章表达之前，必须整理好自己对学术理论的回应和判例立场的认识，如过去的研究状况如何等。如果这一点没有厘清，那么下一阶段的"逻辑结构"就无法顺利展开。

为此，有必要在答题区域之外，记下重要的理论和关键词，而不是简单地在头脑中思考。这将有助于理解问题的确切意图，然后就会对写什么和怎么写有一个清晰的概念。

因此，为此目的，也要写下重要的理论和关键词，哪怕写在答题栏外也行，不能只是简单地在头脑中思考。这将有助于考生理解问题的确切意图，如此操作，考生就会对"写什么和怎么写"有一个清晰的概念。

在考试中，"问题点的整理"是思考过程中非常重要的组成部分。

（b）时间的分配

没有人会一看试题就立即开始答题的，应该避免这样做。

考试开始后的前15分钟至20分钟左右的时间段，最好充分利用在上述"问题点的整理"环节。此外，我还建议预留考试结束前的5分钟至10分钟用于检查自己的答卷。例如，如果考试时间为90分钟，那么应该用20分钟的时间整理问题点，用10分钟的时间检查自己的答卷，这样一来，实际的答题时间就是60分钟。同样地，如果考试时间为60分钟，那么利用15分钟的时间整理问题点，用5分钟的时间检查自己的答卷，用40分钟的时间答题，将是一个很好的做法。

此外，虽然与论文考试无关，但是研究生入学考试（修士课程或者博士课程）的外语考试时间一般为120分钟，如果有4道小题，建议前20分钟用来研究所有的题目，并将所有题目按照其难易程度排序，考试结束前的10分钟用于检查自己的答卷，分配到每道题上的时间是22分钟至23分钟（但也可能出现没有小问题而要求学生翻译全文，或者要求学生解读划线部分、讨论其含义的情况，因此应随机应变）。

"检查答卷的时间"之所以如此重要，是因为在检查答卷的过程中，不仅会发现自己对争论点的理解存在错误，而且也会发现答卷中存在的错别字、漏字、奇怪的日语表达、在日文翻译中存在语法错误等。因此，必须珍惜考试时间的每分每秒。这样想来会发现，"考试是一场与时间的赛跑"。

3 从态度决定到理论构成——小论文、答案的撰写

(1) 态度的决定

通过以上的作业,可以澄清争议点,判例、学说之间的对立关系也能够得到把握。在此基础上,有必要明确自己对相关问题的看法(结论)是什么。当然,在澄清争论点的过程中,或者在整理判例、学说的过程中,自己对相关问题的看法(结论)会自然而然地变得清晰。也或许在听课时中已经有所理解,所以没有那么难。但是,必须在答卷中明确这一态度决定(结论性判断),因为它决定着下一步的逻辑展开。

(2) 构建怎样的逻辑结构(具体的逻辑展开)

(a) 注明依上文所把握的正确的问题点(论点)

首先①,有必要就给定课题的争论点(问题点)作准确的阐明。但需要注意的是,不应该长篇大论地(或者啰啰嗦嗦地)解释与问题有关的前提概念等。比如,有些答卷用了一半以上的篇幅来阐述根本没有必要的一般概念和要件,这种与争论点无关的前提概念是没有必要的。

(b) 清晰地展开逻辑结构

接下来要做的是,基于客观的争议现状,即判例、学说的争议

---

① 原文是"まず最初に",并非作为"重复用词"而使用,可参见第二编 5 (5)(b)(第81页)。

点,指出迄今为止已经讨论过的内容以及存在的问题。要了解客观的争议现状,还有必要了解"问题点或者争议点的本质是什么"。根据出题方式的不同,出题人有可能就你对该问题本身的学习内容设问。例如,"请根据传统判例理论予以讨论"就属于这种类型。如果看漏(或者无视)此类"指示",会被扣分。

这样的整理之所以必要,是因为答案、小论文所要考察的并非考生个人对问题的回答(是否妥当、是否正确、优劣等),而是考查考生对作为学习成果的法律知识的掌握情况。

如果只是被问及某个结论是否适用于某个设问,那么即使是一个不懂法律的门外汉,也应该能够根据常识作出回答。大学是将法律"学"作为一门社会科学来教授的,因此,如何构建逻辑结构、整理判例和学说等,也是重要的授课内容。考试也是用来检验学习这些内容的成果的,所以请铭记:在考试中,重要的不是结论本身,而是知识的组织与得出结论的逻辑思维。

(3) 小论文、答案的撰写①——理论构成

曾经一提到逻辑结构,就被认为是指"起、承、转、合"。然而,"起、承、转、合"只是律诗、绝句的修辞,在学术论文中,不但没有必要,而且并不合适[第一编 Ⅲ ① (3)(第34页以下)]。当时就有人指出,在学术论文中,〔Ⅰ〕"假说"的设定、〔Ⅱ〕假说的"论证"、〔Ⅲ〕"得出结论"的理论构成才是重要的。

然而,在小论文和答案中,课题是被给定的,因此不存在"假说"的设定环节。那么,应该怎样安排其理论构成呢?一般来说,以下三段论适用于小论文和答案。有关章节[本编的 ② (1)~(3)、

[3](1)~(4)、[4]]将详细讨论这种三段论的意义和每个阶段的要求,此处只重申答案构成的要点。

【答案构成的要点】
〔I〕问题的准确把握(参见前述二、(一)~(三))
(1)厘清"题义"
(a)摸清"出题的意图"
(b)准确阐释"争论点"
(2)"阐释争论点"的具体作业
(a)仔细揣摩问题的形式、措辞等
(b)所问的是自己的学习成果
〔II〕态度决定的逻辑结构(参见本节三、(一)~(四))
(1)态度决定
(2)构建怎样的逻辑结构(具体逻辑的展开)
(3)基于三段论的逻辑展开
(4)通过文章来说服
〔III〕结论(自己的见解)(参见下述三、(五))
  * 将自己对问题点或者争议点的理解和自己的想法作为问题的答案
  (通过文章来说服)

(4)小论文、答案的撰写②——文章表达

(a)通过文章说服"读者"(出题人或者阅卷人)

答案与小论文是对给定课题的解答,因此必然会有"读者"(出题人或者阅卷人)。从而,需要意识到自己正试图**通过文章说服读**;否则,文章说不定会变成"自娱自乐"的文章。"自娱自乐"这一评价,既适用于文章的内容方面,也适用于文章的形式方面。下文中所举出不良作答示例就是这方面的例子。这一评价也适用于那些由于字迹潦草而几乎无法辨认的文章。总之,应避免文章无法被读者顺利地阅读和理解。

(b)文章的表达要通俗易懂

必须让读者感觉到文章通俗易懂。所谓"通俗易懂",反过来说,是指文章不应"难以理解"或者"深奥"。这包括文章的句子太长以至于让人难以理解在论述什么、句子中有很多形容词句以至于让人难以理解句子的意思、语言古板陈旧等。特别是在小论文和答案中,我经常会看到一些文章无法清楚表达作者想要说明的意思。这可能是由于时间仓促的原因,学生只好书写潦草,无法修改和校对的缘故。

有鉴于此,我将"使答案通俗易懂的文章"之要点列在本节③的末尾(第138页)。

(c)展开时要分"段"

在上述(3)中,从〔Ⅰ〕到〔Ⅲ〕之逻辑展开的顺畅方式是划分段落,并在"每个段落中整理内容"。所谓"段落",是指作者有意识地试图在某一段落中完整表达点什么而作的区隔。然后,该段落承接上一个段落,下一个段落再讨论其他内容,从而实现顺畅的逻辑展开。如此,逻辑展开即"有条理地论述"。

有时,我会看到根本没有段落的答案,也有很多即使我仔细阅读也不知道其是如何展开的答案。下图就是完全没有换行或者分段的答案之中的一个例子(文章的作者同意发表)。甚至连问题(1)的答案与问题(2)的答案之间都没有换行,参见图1没有段落的文章。

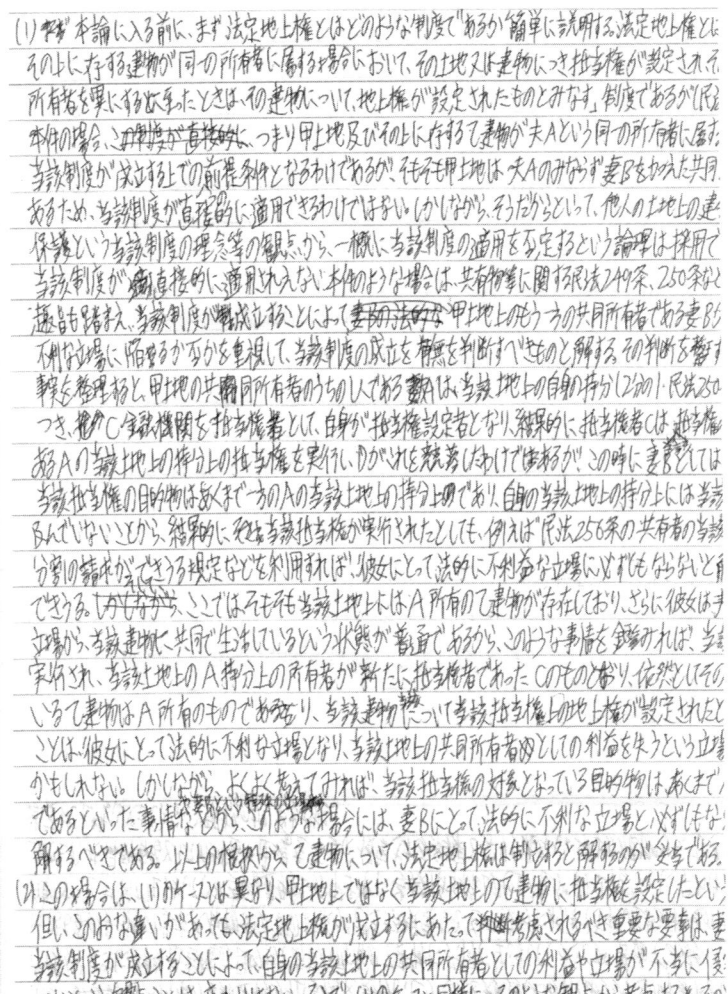

图 1　没有段落的文章

同时,也存在一些答案会对每句话断句,并对每句话进行编号[有的甚至有"1.(1)(ア)"等多级编号]。我完全不能够理解换行和编号的目的是什么(尽管预科学校似乎并没有这样教授学生)。

原则上,答案中不需要编号,但在有多个争议点的情况下,如果对大段进行编号,并在其中分隔段落,读者会更容易理解。但是,毫无意义的编号,如每句一个编号,则会适得其反。

(5)结论部分——表明自己的意见和总结

作为对"设问"的回答,在最后的"结论"部分,考生需要指出从对问题的准确把握、态度决定与逻辑结构中获得的结论,并表达自己的观点。但是,正如上述1已经指出的,与学术论文不同,小论文和答案是对给定课题的即时"回答",因此答卷人很少会有"独创"的见解。在大多数情况下,结论会以这样的形式呈现:将现有的判例或者学说之一总结为自己的观点。但是,在这种情况下,有必要从自己的角度出发,在理论上解释"自己认为支持该观点的合理理由是什么"。一定要"为观点添加理由"。小论文和答案也在检验迄今为止之学习的综合成果。

在本节的最后,我将就撰写通俗易懂之文章的方法,从第二编"文章的写法——文章表达的技术"中摘录适用于答案的要点[详见第二编(第57页以下)的各个章节]。

【使答案通俗易懂的文章】
①养成造短句的习惯(不要造长句);
②分段展开;
③遵循语法(确保主语、谓语、宾语之间的关系正确);
④明确语词之间的关联(特别是不要对一个名词使用两个

以上的形容词);
　⑤避免使用大量的间接性的语句(重叠句或者复合句)(这不适合作为答案,因为会使句子结构变得复杂);
　⑥注意"逗号"的标识方法;
　⑦尽量避免使用括弧。

4　答案评判的点滴

最后,答案中有很多充满戏剧性的情况。因此,我根据自己的想法,提几点自己在阅卷过程中注意到的问题。

(1) 务必回答所有小问题

即使是论文形式的考试,也还经常要求学生回答两到三个小问题。在这种情况下,务必回答所有小问题。例如,在有两个小问题的论述考试中,有些学生认为自己已经达到了及格分数线,尽管他们没有回答第一个问题,但是他们(主观地认为)其已经完美地回答了第二个问题。然而,在论述考试中,即使学生认为自己完美地回答了问题,通常也只是得到 80 分的分数[被评价为优秀(A)的场合;即使是在被评价为特别优秀(A+)的场合,也只得到 85 分,不太可能得到 90 分]。这是基于社会公认的观念,即文章表达不存在完美(100 分)等级。因为文章是个人的独有表达,不存在"绝对正确"的表达。如果我们假定一道题被评为 80 分(A),一道题被评为 0 分,那么总分就是 40 分,这意味着不可能达到及格线。

如果知道这一点,你就会明白,当一个问题分为几个小问题时，必须回答所有的问题。也许正是因为不知道这一点，所以很多学生没有回答所有的问题，很多学生在一些小问题上是交白卷的。然而，它们没有说明论述考试的评分标准，责任在大学。

不言而喻，如果存在第①②等小问题，则必须清楚说明第①②各小问题，并给出相应的答案。

(2) 注意"提问方式"

根据设问的不同，可能会存在不同的提问方式，如①"请论述 A 和 B 之间的法律关系"；②"对于 A 的主张，有无保护 B 的办法"等。

由于问题①最终要求在 A 和 B 之间做出妥当的法律处理，考生必须将 A 的主张与 B 的主张进行比较，并根据判例等做出自己认为合理的法律判断。

相反，问题②问的是是否有办法保护 B，因此必须一边比较 A、B 之间的主张，一边彻底地站在 B 的立场上回答问题。此外，"是否有办法保护……"这样的提问方式，出卷人通常希望得到"肯定性"的回答，因此"没有办法"的结论是不可取的。在大多数情况下，应该得出肯定性的结论。

(3) 前提过长的答案

在一些实体法科目中，前提过于冗长，由于时间不够的原因，其后的理论发展会被省略。例如，在一个关于民法中的"错误"的案例分析中，答案从"什么是错误"开始，然后阐述"要件"等，但就关键的要点只写了几行。这显然是时间不够导致的，但更重要的是学生们并未掌握书写答案的套路。特别是对学习刻苦的本科低年级学生来说,尤其如此。

在案例分析题中,这种前提性的论述是不必要的,如果理解了问题,就需要做一个直击主题的论述。

(4) 避免"です・ます"*的答题语调

近年来,"です・ます"的答题语调虽然已不常见,但有时也会看到使用这一答题语调的答案。"です・ます"是一种表现性修辞,能使人产生柔和感。答案的基本语调是"である",因此在阅卷时,如果突然出现采用"です・ます"语调的答案,就会显得比较奇怪了。从给阅卷人的印象角度来看,这将适得其反。

(5) 碰运气的答案(本科期末考试等)

许多学生面对考试时会临时抱佛脚,例如在本科的期末考试中就存在这种情况。这很正常,无可非议。期末考试的目的在于评价学生是否理解了前半年或前一年的授课内容,为此,学生们自然会回顾到那时为止的授课内容,并将重点放在他们认为重要的地方。这本身并不是问题。

问题在于,由于临时抱佛脚,他们就没有更多的素材来回答问题了,无奈之下,他们就会展现出"自己编造问题(碰运气之处),并自己回答问题"的随意态度。

如果这样,就不再是"考试"了。考试是"一种客观的评价制

---

* "です・ます"是日语中表示礼貌的助动词语尾,通常用于日常口语交谈、说明事物的陈述句、征询意见的疑问句等,语气较为委婉、礼貌。"である"是日语中表示判断、强调的助动词,语气比"です・ます"更直白、简洁,常见于学术著作、论文、报告、答辩等较为正式的场合,用于陈述观点、下定论等,语气较为坚决。——译者注

度,在这一制度中,考官让考生回答他给出的问题",但如果考生"自己出题,自己回答",那就不是"考试"了。

(6)"记述额外事项"的答案

"记述额外事项"是指答案中存在对设问要求之外的与考试无关的事项(额外事项)的论述。这种答案存在以下几种模式。

(a) 特定信号?

在国家考试中,写在答题区域外的"额外事项"被视为作弊,行政部门会事先进行检查,并在阅卷人(考试委员会成员)阅卷前将其从中剔除。这是因为这种做法可能被视为向特定考官发出的某种"信号"。然而,文章中的"额外事项"仍可能存在问题,因为特定考官之外的人未必知晓这种信号的真实意涵。

有鉴于此,考生不应使用不寻常的表达方式或特异(或古怪)的术语,以免被误解。

请注意,上述规定不适用于大学期末考试。具体请见下文论述。

(b) 在大学期末考试的场合

在大学的期末考试中,"记述额外事项"是很常见的,但这是因为期末考试并不隐去考生的姓名和学号,从一开始就知道是"××同学的答案",所以记述额外事项并不意味着"特定信号"。即使有记述额外事项,阅卷人也几乎视而不见,照样阅卷,对考试结果本身并无影响(如果有影响,那也是阅卷人道德方面的问题,不在此讨论)。

那么,记述额外事项的类型有哪些呢?关西大学的马场圭太教授介绍了以下案例及其对策(已获得发表的授权)。

【关于记述额外事项的处理】

"有些学生在期末考试的答案中记述与试题的解答无关的事项(额外事项)。由于这些事项与试题的解答无关,因此不会对分数产生影响(至少不会产生正面影响)。我认为,记述额外事项的情形有两种类型:一是可以被允许的情形,二是不可以被允许的情形。

① 可以被允许的额外事项记述。例如,在一份记述了额外事项且成绩优秀的答案中(这是大可允许的,也是让阅卷人心情舒畅的额外事项记述),会有如下表述:'您的课非常通俗易懂,我对××很感兴趣。感谢您的教诲。'

② 虽然并不禁止,但是会让阅卷人心情复杂的额外事项记述。例如,在一份成绩较差的答案中,学生写道:'您的课非常通俗易懂,我对××很感兴趣。感谢您的教诲。'

③ 不允许的额外事项记述。例如,无论成绩是好是坏,有的学生会写道:'我考得不好是因为我学习不够努力。但是,我无论如何都想毕业,所以请你考虑一下。拜托您了'等等。

在第三种情况,即使考试成绩达标,也可能仅凭这句话就给零分。这是为什么呢?

这是因为不能够给予(尤其是"法律"学士文凭)一个出于个人原因而对自己的不努力视若无睹并希望受到特殊对待的人以大学毕业的资格,并将其送入社会。这类人应该留在大学接受再教育,直到他们改过自新。

大学不是以获取专业知识为唯一目的的地方,而是以人的教育为根本的机构。在这方面,它与中小学教育机构没有区别。"

这是一个非常有趣的观点。第三种情况可能是大学(尤其是私立大学)的教师所面临的一个棘手问题。不过,一般来说,大部分教师都会认为,记述额外事项对考试成绩本身是没有影响的(无论是正面影响,还是负面影响)。

第四编

研究规准与"研究伦理"

在应重视"创造性"的研究中,创作人享有优先权(优先性)。"研究规准"是在先行者优先原则(priority 原则)的指导下撰写论文时应遵循的某些程序或(积极规范性的)准则,而从字面上看,"研究伦理"则是一个"伦理"问题,即不应该违反研究活动规范(如果出现剽窃或其他违规行为,将受到严厉的社会制裁),因此处理的是"什么样的行为不应该做"的问题(消极规范性的)。

然而,"研究规准"与"研究伦理"的许多概念是重叠的,可以说是一枚硬币的两面。存在问题的情况围绕"引用"行为展开。这里的重点是,应尊重其他研究者的研究成果,并遵守有关"引用"的适当规则。

需要注意的是,在研究成果被发表(出版)的情况下,"引用"就成了一个问题。因此,本部分还将阐述著作权、著作人身权、出版权等与发表有关的规则法理。

Ⅰ 研究规准

1 "先行者优先原则"与"引用义务"

(1) 先行者优先原则

学术论文是一种作品,其价值应体现在作者的"原创性"(独创性)上,从这个意义上说,学术论文与艺术作品是一样的。<u>第一个发表研究性论文的作者应因其独创性而获得著作权</u>。这被称为"先行者优先原则"(priority 原则)。

(2) 引用义务

因此,如果后继作者涉及的主题或研究内容与前人相似,则必须"引用"前人的学术成果(引用义务)。这种"引用义务"是从 priority 原则中自然衍生出来的一项基本原则。与以唯一性为其特征的艺术作品不同,(尤其是社会科学领域的)学术工作是一项

"逐步累积"的工作,在同一专业领域内,与自己有相同观点的人很多,论文也很多,因此,践行"引用义务"是基本的学术态度。例如,研究生可能有过这样的经历:当他们对一个新想法感到欣喜并继续进行研究时,却发现一篇论文说的是同样的内容,这让他们感到很失望。即便如此,由于先发表的人享有优先权,必须尊重前人的研究成果,对其研究成果予以引用。这就是"先发表"者优先。

(3) 引用的范围

那么,所谓"已经发表"是指在什么地方(媒介)发表了呢?大学和研究机构的期刊、商业的专业期刊、体系书或者教科书等,所有这些作为研究者都会接触到(或者必须接触到)的媒介。在这里,"不知道"已经发表之学说的辩解不起作用。如果研究者因为"不知道"而不引用通常可以接触到的学术论文,那么他就不具备研究者的资格。

但是,也有一些学校、企业研究机构等发表的学术论文缺乏"普遍的公知性",在这种情况下,研究者不引用这些学术论文,则是无可奈何的事情。此外,座谈会在民法领域中非常流行,但座谈会中的"发言"因为对话方式的回应,所以往往缺乏连贯性。此外,由于其中许多发言只是表达自己的想法,除学术会议上的讨论之外,没有必要将商业性的座谈会等同于学术论文,也不应该因为没有以引用该座谈会中的论点而受到非难(当然,引用这些会议也是完全可以接受的)。

(4) 对引用的无视

有一些人有意识地"无视"某些理论,这真是可恶至极,也让人怀疑他们作为学者的资格。就已出版的著作而言,出版日期是明确的,因此先出版的作者享有优先权,而较晚出版的作者可能会处于不利地位。在自然科学领域中,由于学科的性质,这种问题较少发生。

2 "引用的自由"与"限制"

(1) 什么是"引用"

大概就"作品"(属于文学、科学、艺术或音乐范畴的思想或情感的创造性表达)(《著作权法》第 2 条第 1 款第 1 项)而言,其<u>排他性地且独占性地归属于作者,作者享有使用、收益、处分作品的权利</u>。这与所有权的权能相同。因此,不允许他人未经许可使用其作品,或擅自引用其作品。

另外,"引用"(Citation)是指将自己没有参与撰写的内容纳入自己的作品,在学术论文写作中,则是指借鉴他人的文章、事例和事实,作为<u>证明自己理论正确性的依据</u>。由于这些都是他人制作的文字和图表,因此不能将它们作为自己的作品纳入自己的作品之中(剽窃),也不能擅自引用它们(参见《著作权法》第 48 条第 1 款、第 2 款)。

不过,《著作权法》允许在一定范围内未经授权引用作品(《著作权法》第 32 条)。换言之,"<u>已发表的作品可以通过引用的方式加以利用"(《著作权法》第 32 条第 1 款前段),从而,自由引用和使用是被允许的。这是因为,"引用"对学问、艺术的发展大有裨益。所以,尽管有"一定范围"(引用次数)的限制,原则上也还是允许自由引用的(参见下文最高法院昭和 55 年 3 月 28 日判决)

(2)对"引用"的限制

应该允许"引用"他人的作品为自己的学说提供理论依据,因为这是学术发展所必需的方法,但必须遵循一定的程序才能这样做。这就是对"引用"的限制。换言之,"引用应合乎公正的惯常做法,且应基于报道、批评、研究及其他引用目的在正当的范围内进行"(《著作权法》第 32 条第 1 款后段)。

这意味着"引用"必须是合理使用,无论在目的上还是在方法上,都要遵守先行者优先原则。这与"研究伦理"问题重叠,务必注意。

3 引用原则 I——"公正的惯常做法"和"在正当的范围内"

《著作权法》抽象地规定了有关引用方式的两项原则(《著作权法》第 32 条第 1 款)。第一,引用必须合乎"公正的惯常做法"。"公正的惯常做法",是指在本领域或者学术界通常采用的引用方法。从 priority 原则中延伸出来的后继学说对先前学说的"引用义务"[前文 1 (2)]已经是常见的"惯常做法"了。第二个原则是,引用必须"基于报道、批评、研究及其他引用目的""在正当的范围内"进行。第二项原则更为具体一些,但这两项原则都是抽象的表述,很难从中提炼出具体的标准。

"本领域或者学术界通常采用的引用方法"并不意味着遵循传统的"惯常做法"就足够了,因为我国的著作权历史还很短,人们的著作权保护意识也不一定很高。顺便提一下,从 20 世纪 80 年代左右法学界的"引用情况"可以看出,能够被视为抄袭的情况很多,年轻作者的权利意识也不强,因此不清楚"惯常做法"的标准是什么。

然而,如今"引用"的含义或者概念已经得到了明确,与此同时,判例和学说也指出,"明晰的区分识别性"和"主从关系的明确性"是新的引用标准。

4 引用原则 II——"明晰的区分识别性"和"主从关系的明确性"(适法引用)

(1) 明晰的区分识别性

最高法院在 1980 年 3 月 28 日的民事判例集第 34 卷第 3 号第 244 页(滑稽模仿蒙太奇事件)中提出,"引用"是否适法应该根据两个标准来判断。必须"引用并利用他人已经发表之作品的作品与被引用和利用一方的作品能够明确地区分和识别"。这表明引用者的作品〔A〕和被引用者的作品〔B〕之间一看(初读)就能明显区分出是否属于"引用"。以下为该裁判的部分论述:

> **【最判昭和 55・3・28 民集 34 卷 3 号 244 页(滑稽模仿蒙太奇事件)】** "《著作权法》第 30 条第 1 款第 2 项允许当事人在合理的范围内于自己的作品中自由地引用他人已经发表的作品,此处的引用是指为了介绍、参考、评论或其他目的而在自己的作品中摘取他人作品中的部分内容。符合上述引用标准的作品需要在作品的表达形式上满足以下要件:(a) <u>引用并利用他人已经发表之作品的作品与被引用和被利用一方的作品能够明确地区分和识别</u>;(b) <u>上述两部作品之间必须存在主从关系,且以前者为主,后者为从</u>,此外,根据《著作权法》第 18 条第 3 款之规定;(c) 以侵害被引用作品之作者的著作人身权的方式进行的引用显然是不被允许的。"

此处的(a)明晰的区分识别性以及(b)主从关系明确性已作为"适法引用"的基准,被东京地方法院 1986 年 4 月 28 日之判决①及其他判例所继受。

(2) 主从关系的明确性

引用者的作品〔A〕和被引用者的作品〔B〕之间必须"<u>存在主从关系,且以前者为主,后者为从</u>"(同上述最高法院 1980 年 3 月 28 日之判决)。〈主〉与〈从〉的关系意味着作者的主张为"主",引文则是"从属"于作者的主张的,因为"<u>引文是补强作者主张的材料</u>"。事实上,这正是主要问题之所在。

朝日新闻社对这种主从关系作了如下解释:②

---

① 知的财产裁判例集(裁判所 WEB)昭和 58(ワ)1378(座後の石風呂事件)参照。

② http://www.asahi.com/policy/copyrigt.html.

> 【主从关系(朝日新闻社)】 "无论是从质上还是从量上来说,引用他人已经发表之作品的作品,其正文与其引用部分之间存在着前者为'主'后者'从'之关系。所谓引用,是指正文的主要内容是自己想要表达的内容,然后再<u>借鉴其他必要的作品作为说明或者补强自己主张的材料</u>。从质的意义上讲,正文与引用部分之间必须存在主从关系,正文的内容是主体,引用部分尽管与正文的内容相关,也是附随性的。从量的角度来看,引用部分必须比正文短。如果你写道:'以下报道发表在 asahi.com',然后将该报道的全文予以复制,或者你只对该报道作出了非常简短的评论,都不能够被视为引用。"〔作者加下划线〕

川岛武宜博士在谈到引用时,还这样写道:①

> 【关于引用——川岛武宜】 "在法学方面,日本似乎还存在着这样一种氛围,即那些旁征博引某些人所说过的话并只是在最后再加上几句自己的想法的文章也可以被视作'论文'。不过,我认为这说明日本的法学落后了。这些文章大部分都不是'论文',而是'介绍'。当然,在文章中介绍学说是一件非常值得称赞且困难的事情,但在很多情况下,这类文章根本不是'论文'"。

在日本,自《民法典》颁布以来的很长一段时间里,介绍德国和法国的法学理论的文章很多,这是由于《民法典》经历了法律继受过程。尽管这种不得已的情况是无可否认的,但在这样的大环境下,也应警钟长鸣。川岛博士留下的许多拥有独创性的论稿就是最好的证明。

"引用"必须是强化作者论点的一种手段,因此,<u>如果作者自</u>

---

① 〔日〕川岛武宜『ある法学者の軌跡』(有斐閣, 1978 年) 119 頁。

己主张中的核心部分与被引用文献的个人主张相同,将是不被允许的。

> [例1——同等引用]在[A论文]已经提出了独创性的甲理论而随后发表的[B论文]的结论与甲理论相同的情形下,原则上(即使在路径或者论证方面存在差异)不允许以"A论文也同旨"之类的方式予以引用。由于前人的独创主张在学术上享有优先权,即使是要引用,也不应同等引用,必须采用"赞同A论文的观点"之类趣旨的引用方式。

另外,在电子设备可以轻松复制和粘贴文献的今天,我们必须非常谨慎地引用电子设备上的文献。这是因为可能会导致大规模的引用。正如下文所述,就与自己的主张相关联的引用,如果不是处于"从属地位",就可能构成剽窃(将他人作品的一部分或者全部当作自己的作品发表)。必须充分认识到,"引用"只不过是论证的补强材料而已[参见下文Ⅲ④(2)(b)(c)(d)(第178~179页)]。

⑤ 引用原则Ⅰ与引用原则Ⅱ之间的关系

如上所述,引用原则Ⅰ("公正的惯常做法"和"在正当的范围内")由《著作权法》第32条所规定(③),而引用原则Ⅱ("明晰的区分识别性"和"主从关系的明确性")是判例学说确立的新的解释基准(④)。

由于引用原则Ⅰ过于抽象,即使将其应用于具体案例,也得考虑是不是"公正的惯常做法"或者是否"在正当的范围内"的问题,不可否认的是,作为客观标准,引用原则Ⅰ仍然是模糊的。另一方面,引用原则Ⅱ是根据引用外部客观的事实来判断的,可以起到判断基准的作用。就如何看待这两个引用原则,学说和判例存在分歧。①

高林龙教授认为:"与其将证明其他引用之适法性的'公正的惯常做法'要件和'目的上正当的范围内'要件纳入所谓的明晰的区分性与主从关系当中进行规范判断,不如将这两个要件作为构成引用的前提条件,从外部客观的事实出发进行判断。然后,应在考虑作品的类型、行业的惯常做法或者时代的变迁等的基础上,根据规范性要件再次审查该引用,即该引用是否符合《著作权法》第32条第1款规定的'公正的惯常做法'。"②也就是说,不是通过将引用原则Ⅱ的基准纳入到引用原则Ⅰ的方式来作出决定,而是首先从引用原则Ⅱ的角度研究具体的案例,然后再从引用原则Ⅰ的角度做出规范性的与全局性的判断。这是一种切实可行的合理的判断方法,我支持这种方法。

6 来源注明义务和标注方式

(1) 来源(出处)注明义务

作者必须"根据复制或利用的方式,以合理的方式和程度注明作品的出处"(《著作权法》第48条)。如果违反这一义务,将构成刑事处罚的对象(《著作权法》第122条)。虽然日本没有关

---

① 详细内容,〔日〕高林龍『標準著作権法〔第2版〕』(有斐閣,2013年)167頁以下参照。
② 〔日〕高林龍『標準著作権法〔第2版〕』(有斐閣,2013年)169頁。

于注明方法的具体规定,但由于内容专业性强,学术文章的格式最好简单统一。上述规定指出,引用应"以合理的方式和程度"进行,这正是"公正的惯常做法"的典范(《著作权法》第32条第1款)。

目前,学术论文的来源标注方法正在逐渐固定,特别是以下两本文献引用指导手册非常有用,被广泛采用。

(a)"THE BLUEBOOK"(一种统一引用制度)

那么,首先要提到的是"THE BLUEBOOK"(一种统一引用制度)。毫无疑问,它已成为美国法律文献引用方法的标准,在我们进入研究生院时,学长们就告诉我们要把它作为必备书籍,我们一直都在复印并使用它。即使不是研究英美法的学者,也应该准备一本这样的手册。

(b)法律编辑座谈会编"法律文献等之出处的标注方法"

在我国,由于法律文献的引用方法在学者之间存在差异,法律类图书出版社的编辑们组成的"法律编辑座谈会"便参考了THE BLUEBOOK等资料,在1989年制定了"法律文献等之出处的标注方法"。当初,像宪法学界那样有学界未必同意这种方法。然而,现如今,这一方法已经获得了各学会的支持,正逐渐成为标准的引用标注方法。

然而,这种方法尊重了我国学者一直以来的引用方式,可以说是按照日本的风格进行总结的,因此与欧美的方法存在一些差异。例如,在同一篇论文的重复引用以及引用同一作者的其他论文时可能存在一些问题。此外,与THE BLUEBOOK不同的是,这一方法是由商业出版社的立场出发而制定的,因此对于研究者来说可能存在一些不便之处(例如,在欧美,对于论文或著作而言,重要的是出版年份,所以在标题之后标注出版社和出版年份,而这一方法中将"出版社和出版年份"放在了标题之后,是基于商业考虑)。但这并不意味着我们必须完全遵循该方法。然而,毫无疑问的是,它将成为未来的重要标准。

在本书中,我已经获得了法律编辑座谈会的许可,并在最后作为参考资料进行了收录(尽管部分内容进行了修改),以供参考。

(2) 注意"学说的引用"

社会科学领域常常以"A 说""B 说""C 说"等形式引用特定论点,学者们会在此基础上进行评论,以支持或反对某种观点的形式展开批评。这种论述方式当然是合理的,然而,所谓"学说",通常是在对已存在的学说(现有学说)进行批判的基础上,提出新的见解。例如,对 A 说的批评可能导致 B 说的出现,而对 B 说的批评又可能引发 C 说的出现,这样在时间序列中的批评性学说的产生是常见的(尽管并非所有学说都是如此)。

在民法领域(特别是物权变动争议)中,现在几乎没有人从历史流变的角度,讨论从登记时说,到契约时说,再到价金支付或者交付时说,最后再到有偿性说的演变过程。同样,在有偿性原则方面,从船桥理论,到川岛理论,再到原岛理论的理论发展也不能简单地罗列或者并列讨论,忽略了历史或者时间序列的展开是毫无意义的。

至少在学术论文中,通过验证这样的学说出现和发展的过程,将使其更加丰富。

(3) 禁止"间接引用"

学术论文中所引用的文献,基本上必须参考其原始来源。所谓"引用他人已引用的文献(引用的再引用)",也称为"间接引用",是不被允许的。我自己曾经苦苦寻找到的一本德国古籍,后来被其他论文毫不客气地引用了,并且还提出了与我相同的主张,这让我感到震惊(因为这本旧的专著并不是那么容易找到的,所以我想知道他们是在哪里找到的)。间接引用迟早会被发现,所以年轻的学者绝对不能这样做[其派生问题,见后文④(2)(a)ⅰ(第177页)]。

另外,这个问题与后文的引用违反优先权[例5]和翻译文本的剽窃[例13]问题有共通之处。

下面是另一个被发现是"间接引用"的例子。

> [例2]在[A论文]中,提到了"大正5～13年的让与担保判例,并非过分地将高利贷资本视为土地剥夺的法律手段。对于这种趋势,学说上存在着强烈的批评",并在注释中引用了"甲论文"。引用的方式是指引到该论文中的"注2",并写道"例如,如前注2的甲论文"。然而,原先的"注2"实际上是针对另一个内容,引用了"甲著作××页"和"甲论文××页"这两个来源。而现在,对于前述""之内的内容,却只引用了"甲论文"而没有注明具体页码。

后续的[B论文](可以被认为)参考了[A论文],并表达了相似的观点,即"在大正、昭和经济恐慌时期存在着以买卖形式为主导的农地剥夺现象以及针对这一现象的强烈反对"。该论文以"甲著作○○页"作为注释,并进行了引用。然而,该论文事实上并没有提到"甲著作",描述的只是"甲论文"(而且,甲论文是关于不同论点的描述,所以〔A 论文〕并没有引用具体页码,而是以"甲论文"的方式引用)。〔B 论文〕的间接引用被发现,是因为该论文的作者没看出来〔A 论文〕的引用方式)。此外,〔B 论文〕与〔A 论文〕的观点有很多相同之处,但却完全没有引用〔A 论文〕,这也涉及研究伦理的问题。①

(4)"直接引用"还是"参照引用"

在引用参考文献时(这在引用手册中并不经常提及),有两种引用方式:一是直接引用,即"甲论文第××页";二是参照引用,即"参见甲论文第××页"。这并不是一条规则,作者往往将其作为"个人的表达"。特别是,"参见"一词的含义因作者而异。例如,<u>在就文献作一般性的参考而列出</u>的场合使用"参见";又如,也有在这样的意义上使用"参见"的情形,即<u>从甲论文的主张中可以推断出某某的结论</u>。在后一种情形下,务必小心谨慎,因为它在很多时候与有关问题没有直接关系(间接引用就是从这一情形中发现的)。

值得一提的是,在本书的第一编Ⅲ3(1)(b)(第 38 页),特意标注了"参见丹羽文雄:《小说的写法》(1965 年,角川书店),第 117~129 页"作为以下段落的注释:"在试图通过事物——'文字和语言'来表达情感和情调的小说、散文等'人文类'文章中,必须与当时的'口语'(作为社会文化的表达方式)相结

---

① 后来,〔A 论文〕的作者通过一位大学校长将自己的抱怨间接地传达给了〔B 论文〕的作者,后者在其第 2 版的论文中,已经完全删除了相关内容,由此可知,这可能是事实。

合。因此,作者会有自己独特的表达和措辞,反过来,这也被认为有着重要的创造性价值"。这段文字的""中的表述是我写的,我用了"参照"一词,意思是说丹羽先生并未作出""中的表述,如果你读了丹羽先生书中的这一部分,你应该就会明白我在""中说的是什么(虽然可以说是相当"省略的解释",但是在读了相关部分的内容就可以基本明白的场合,就可以使用"参见")。也存在这样使用"参见"的情况,即在阐述与""中的表述相同之趣旨时,引用了丹羽先生的文献作为依据。在这种场合,这一引用方式就是"间接引用",是大错特错的。

明治大学前教授椿寿夫(时任大宫法科大学院教授)告诉我们,从前,广中俊雄博士(东北大学名誉教授)在文章注释中习惯区分使用"第××页"与"参见第××页",当出版社的编辑将"参见第××页"中的"参见"全部删除时,他很不高兴。

由于上述原因,对于"参见"这一术语,无论是在个人使用的场合,还是在引用的文献本身就带有"参见"的场合,都需要格外注意。

(5)"注"的标注方法——引用文献的标注

在这里,将说明引用文献时"注"的标注方法。关于一般的"括号使用方法",包括类型和使用场合,已经详细讨论过[第二编 9 (第110页)],请结合那部分内容一同理解。

引用文献的标注以及副次性说明的"注"的使用方法也需要考虑。一般来说,注的形式有以下几种:

(a) 脚注(文本之外)

脚注是指在同一页底部使用点(级别)进行标注的方式,通常在横排印刷的情况中使用较为普遍,而在竖排印刷的情况中较少使用。

(b) 尾注(文本之外)

尾注是指在文章的最后一并进行标注的方式,对于使用竖排印刷的情况来说是一种常见的方法,但即使是在横排印刷的情况下也被广泛使用。

(c) 括弧注(文本之内)

括弧注是指在文章的各个地方使用括号"( )"进行标注的方式,既可以是引用参考文献的注释,也可以是补充说明的注释,是最常见的一种方式。

(d) 括弧割注(文本之内)

割注是括弧注的特殊形态,通过将正文的一行分割为两行,并用小的点号括在"( )"括号中进行标注。

这些标注方法各有优劣。从读者"不中断思考过程"的角度来看,括弧注与括弧割注是最好的选择,脚注是较好的选择,而最糟糕的是尾注。这意味着,例如在以"判例认为……""A 学说主张……"的形式注释某个判例或者 A 学说时,如果使用括弧内注或者脚注,读者可以立即理解其含义,但如果将注释放在章节结尾或论文末尾,读者就必须翻页才能看到,这样读者阅读也会变得吃力。

另外,在括弧注中,应避免使用与正文无法区分的长篇注释或补充说明,而应仅限于用词的替换、引用判例或学说等简明的注释。

割注是一种日本特有的注释方式(在韩国的法律书中也偶尔可

见),在纵排版的文章中,割注是传统上采用的常见注释方式。① 我个人在我的民法讲义中采用了横排版的割注。我坚持这样做是因为这样可以避免打断读者的思考过程,跳过割注进行速读也是可能的,而且我也不希望增加书的总页数。然而,在校对和修订时,如果要修改正文,会导致"行"的错位,这会增加相当多的工作量和成本,是编辑和印刷商头疼的方法之一。

仅仅使用尾注也会给读者带来极大的不便,因为他们需要逐个追溯到注释所在的具体位置。

根据这样的考虑,在学术论文中一般性地使用脚注,并根据需要适当地使用括弧注的方法可能是不错的选择。此外,在学术论文中,必须在最后列出参考文献清单,这样读者可以清楚地看到使用了哪些文献进行了研究,这使尾注也能够发挥相应的作用。

此外,有时在研究生的论文等中,脚注会占据半页以上的篇幅。虽然可以感受到作者的热情,但是注释应该只是对本文的补充说明,因此应尽可能将其内容纳入到正文中。

---

① 确实,有些割注很长。例如,〔日〕三ヶ月章『民事訴訟法』(有斐閣版),梅本吉彦『民事訴訟法』(信山社版)等,其在割注中塞入了大量的文字,这可能给读者带来一些压迫感。

Ⅱ "著作权、著作人身权"的保护

学术论文的作者在发表研究成果时,对其作品享有"著作权",这一"著作权"是一种受法律保护的财产权。同时,"研究伦理"作为研究人员在道德和法律上的重要准则,也是围绕"著作权"(的内容和外延)展开指导方针。本节将概述《著作权法》所定义的"著作权"制度,以及作为该制度的基本知识。

1 什么是"著作权"?①

(1)"作为财产权的著作权"和"著作人身权"

"著作权"是指作者对其创作的作品所拥有的权利,该权利既拥有财产权的一面,也是作者精神性的以及人身专属的人格性权

---

① 本节不涉及"著作权"之一般,而是概述与研究伦理和研究规则相关的"著作权"。有关著作权制度的更多资料,〔日〕高林龍『標準著作権法〔第2版〕』(有斐閣,2013年)167頁参照。

利。前者被称为"著作权",而后者则被称为"著作人身权"(《著作权法》第 17 条)。

"著作权"与物权相同,是一项"权利"(财产权),它独占性和排他性地归属于作者。因此,作者可以自由地"使用""收益"和"处分"其著作权(参见《民法》第 206 条)。

(2)"作为财产权的著作权"的内容

"作为财产权的著作权"所包含的权利,具体而言,有:①"复制权"(第 21 条)、②"上演权和演奏权"(第 22 条)、③"放映权"(第 22 条之 2)、④"公众传送权等"(第 23 条)、⑤"口述权"(第 24 条)、⑥"展览权"(第 25 条)、⑦"发行权"(第 26 条)、⑧"发行权"(第 26 条之 2)、⑨"出租权"(第 26 条之 3)、⑩"翻译权、改编权等"(第 27 条)、⑪"原作者对二次创作物使用的权利"(第 28 条)等。这些权利是由权利的财产性质推导而来的内容。此外,从民法的财产概念来说,这些权利可以说是对作品的使用权、收益权和处分权的理解。

(3)著作权的保护期间

(a)存续期间的开始时点

著作权的存续期间始于作品的"创作之时"(《著作权法》第 51 条第 1 款)。

(b)保护期间

除非另有规定,著作权在作者死亡后(对于共同作品来说,为最后一位作者的死亡后)经过 70 年的期间内持续存在(《著作权法》第 51 条第 2 款)。以前的规定是"50 年",但在 2010 年的修订中被延长为"70 年"。

② 著作人身权

作者对于其作品拥有独特的精神和人格价值(可以说是一种"情感投入"①),这是一种"完全归属于作者个人"的权利,因此不能转让(《著作权法》第 59 条),也不属于继承的对象(不属于继承财产)。著作人身权可分为以下几类。

(1)"发表权"

作者对于尚未公开的作品(简称为作品)拥有"向公众提供或展示该作品的权利"(《著作权法》第 18 条第 1 款前段)。对于以该作品为原作品创作的"二次性作品"(通过翻译、编曲、改编、改写、拍摄电影等方式创作的作品),亦然(《著作权法》第 18 条第 1 款)。

(2)"署名权"

作者对于"其作品的原作品或者在向公众提供或展示其作品时,有权要求以其真实姓名或化名作为作者名进行公示,也有权要求不公示其作者名"(《著作权法》第 19 条第 1 款前段)。对于二次性作品也同样适用(《著作权法》第 19 条第 1 款后段)。

(3)"保护作品完整权"

作者对于"其作品及作品的标题拥有保持其同一性的权

---

① 〔日〕高林龍『標準著作權法[第 2 版]』(有斐閣,2013 年)213 頁以下。

利,不得未经其同意进行修改、删节或其他改变(《著作权法》第20条第1款)。"

③ 出版权

虽然不属于著作权范围,但对于研究人员而言,研究成果的公开(包括与出版和出版社的关系)是一项重要事项,因此也值得提及与"出版"相关的权利关系。

(1)出版权的设定

作品的"复制权等权利保有者"(《著作权法》第21条)可以就该作品,对该作品的出版者,即"承担以书面、图画形式出版该作品或者就使用以此方式记录在媒体上的该作品的复制品进行公开传播的人(出版社)设立出版权"(《著作权法》第79条第1款)。

(2)出版权的内容

(a)"出版"权限的"专有"

"出版权人根据设立行为所规定的内容,对于作为出版权之客体的作品,享有以下全部或部分专有权利:

①以发行的目的,通过印刷或其他机械或化学手段将原作品复制成文书或者图画的权利。

②使用作品原件的复制品进行公开传播的权利,该复制品通过前条〔第79条〕第1款规定的方法记录在媒介上"(《著作权法》第80条第1款)。

（b）禁止多重设定

"专有"是独占的意思，因此，一旦将某一作品的出版权授予给出版社，那么<u>该出版社将享有独占该作品的"出版"（公开）权利</u>，作者不得再向其他出版社设立该作品的出版权。

这对于研究者来说尤为需要注意。具体事宜在后面的"研究伦理"部分会详细说明。例如，在甲杂志（或书籍）上发表的 A 论文，即使是自己写的，也不能重复在乙杂志（或书籍）上发表。虽然 A 论文的著作权确实属于该作者，但出版权（公开权）则属于甲杂志社（出版社）。研究者经常会将在杂志或机构期刊等上公开发表的论文集结起来，形成一本作品，但那些出版权尚未消失的论文等[参见下文的（5）]不得在未经许可的情况下擅自重新刊载并出版。这将构成对出版权的侵犯。不过，在现实中，作者通常会向甲出版社说明情况并获得许可。

（3）出版义务

"出版权人应根据下列各项所列的分类，对作为其出版权客体的作品承担各款中规定的义务。但就设定行为另有规定的，不在此限。

ⅰ 与前条〔第 80 条〕第 1 款第 1 项所列权利有关的出版权人（"第一号出版权人"）应承担以下义务：

①自复制权等权利保有人交付复制作品所需的手稿或其他原件或等同物或提供与作品有关的电磁记录等之日起六个月内，对作品实施出版行为的义务。

②按照惯常做法继续履行有关作品的出版行为的义务。

ⅱ 与前条〔第 80 条〕第 1 款第 2 项所列权利有关的出版权人

("第二号出版权人")应承担以下义务:

①自复制权等权利保有人交付公开传播作品所需的手稿或其他原作或等同物之日起,或自提供与作品有关的电磁记录之日起六个月内,对作品实施出版行为的义务。

②按照惯常做法继续履行有关作品的公开传播行为的义务。"(《著作权法》第81条)

(4)作品的修正与增减

"在下列情况下,作者可以在合理的范围内对其作品进行修改或增减:

①作品被第一号出版权人重新复制时;

② 第二号出版权人向公众传播作品时。

当第一号出版权人打算重新复制属于其出版权之客体的作品时,应事先通知作者。"(《著作权法》第82条)

(5)出版权的存续期间

出版权的存续期间首先由设立行为决定,其次,如果设立行为未作规定,出版权自出版权设立后的首次出版行为等之日起,满3年之日后消灭(《著作权法》第83条)。根据一般的出版合同(范本),作者有义务在一定期限内不得重印或出版作品的全部或部分内容(出版社的排他使用权)。一般来说,单行本的期限为5年,杂志的期限为1年[参见Ⅲ④(7)(a)(第188页)]。

Ⅲ 研究伦理

1 什么是"研究伦理"

(1)研究者的"自律规范"

"研究伦理"原本是一项"道德规范",即<u>研究人员在研究活动中的自律规范</u>。作为一项自律规范,它是研究人员个人的事情,原本并不需要规章制度。但在现实中,剽窃和其他形式的抄袭行为可能会破坏这一道德规范,给其他研究人员及其所属机构带来不便和巨大损失。

从这个意义上讲,"研究伦理"现在已经超越了道德规范的问题,成为了研究人员必须遵守的一套"规准"(规则)。

(2)研究伦理规程的必要性

因此,每所大学和研究机构都必须制定有关研究伦理的规章制度。不过,"研究伦理"本身也确实是个新概念,各种内容都是独立的,对它的理解也不尽相同。让我们看看一些大学的情况。

较为详细的例子,如同志社大学的《同志社大学研究伦理准则》(2005年制定,2015年修订)。该准则针对以下各项提出了一定的研究标准:①研究者的态度,②收集研究所需的信息、数据等,③知情同意(informed consent),④个人信息保护,⑤设备、药品、材料等的安全管理,⑥研究成果发表的准则(包括捏造、篡改、抄袭),⑦作者资格(authorship)的准则,⑧研究经费处理准则,⑨对他人的研究成果评价。①

各大学也有各自的特点,以医学或生命科学为重点的大学对与"人"有关的研究伦理制定了特别详细的准则(如立命馆大学②、同志社大学③)。

早稻田大学也制定了《关于学术研究伦理的指南》,其中明确规定了"研究者的责任和义务",包括:①〔研究者的责任和义务〕的基本事项;②研究信息、研究设备等的管理;③适当公开研究成果和确定作者身份的基准;④他人业绩的评估;⑤个人信息等的保护;⑥骚扰行为的禁止。此外,由于教授过去滥用研究经费的问题日益突出,因此强调了"研究上的不正当行为"(包括伪造、篡改和盗用)以及"研究经费的不正当使用"(制定了《研究活动中不正当行为的预防规程》)的重要性。④

---

① 同志社大学不仅制定了《研究伦理准则》,还公开了《同社大学研究伦理委员会规程》《研究伦理咨询员相关事项协议书》《研究伦理手册》以及每年的《研究伦理咨询员名单》,展现了对研究伦理的积极态度和努力。
② 每学年结束时,都会分发一本《研究伦理手册》。
③ 制定了《同志社大学"以人为对象的研究"伦理准则》。
④ 每学年结束时,都会分发一本名为《研究研究伦理指南》的小册子。

此外，在研究生撰写学位论文时，指导论文的教师（指导教授）的"指导伦理"也是一个重要的问题，所以这一点也会涉及。

2 对学术性"创造物"的尊重

学术论文是作者"创造"的固有"财产"。因此，著作权法的基本思想是按照"财产权不可侵犯"和"所有权绝对原则"（参见《宪法》第 29 条第 1 款和《民法典》第 206 条）对其进行保护（参见《著作权法》第 6 条）。不过，为了学术发展，<u>允许在一定限制条件下"使用"（即引用）他人的作品</u>（《著作权法》第 32 条）。

本书前面已对此进行了讨论，但可以从两个方面重申其中的要点[详见上文 1 1 ~ 4 （第 148~152 页）]。

①先行者优先原则

最先发表的"创造性的洞见"具有优先权（《著作权法》第 6 条）。这就是"先行者优先原则"。因此，后继者<u>必须尊重他人的创造性成果并适当引用</u>（《著作权法》第 48 条）。这就是从先行者优先原则自然产生的"引用义务"。

②"适法引用"（遵守两条引用原则）

如上文所述，"引用"时必须：(α)"符合公正的惯常做法"，且引用必须"在引用目的上的正当范围内"进行（《著作权法》第 32 条第 1 款后段）；(β)引用作品和被引用作品必须拥有"明晰的区分和识别"的可能，且两作品之间的关系，必须是"使前者被认定为主，后者被认定为从的情形"[关于(α)与(β)之间的适用关系，参见 1 5 （第 155 页）]。

上述两点可以反过来理解：第一，不允许无视前人的研究成果；第二，不允许不当引用。违反这两点伦理性要求的作品，不仅有"侵犯财产权"的一面①，而且还不能再被视为研究成果，在学术上毫无价值。因为这既不是新的创造，也不是对真理的探究。

③ "反伦理性之行为"的类型

"研究伦理"是著作权法精神的一部分，也是研究者的基本伦理。那么，哪些行为被认为是违背伦理的"反伦理行为"呢？大致可以分为以下几种类型。

(1)"剽窃"(盗窃)行为

"剽窃"(盗窃)，这是一种将他人作品作为自己作品发表的行为。因此，在刑法中，这是一种"盗窃行为"。学术论文中的大多数问题都是由"剽窃"(盗窃)引起的。

(2)"搭便车"(freeride)②

"搭便车"(freeride)，也称为"免费乘坐行为"(尽管"搭便车"和下文所述的"污名化"在很多情况下是重叠的，但由于两者有不同的要素，因此在本书中将它们分开来处理)。它是指以已

---

① 侵害财产权的法律应对措施，包括：① 要求停止发表(出版)；② 要求撤回发表的作品并道歉；③ 要求赔偿损害。

② 根据高林龙教授的指教，"搭便车"和"污名化"被视为反伦理行为的重要指标。

经赢得声誉的他人作品为模仿对象,修改标题等内容,试图借用其声誉的行为。

关于"搭便车",最著名的例子应该是"有趣的恋人事件(面白い恋人事件)"[在这起案件中,某家企业模仿北海道的知名产品"白色恋人"(白い恋人),推出类似产品名为"有趣的恋人"(面白い恋人),"白色恋人"一方以商标侵权为由,要求对"有趣的恋人"一方采取停止销售等措施。值得注意的是,该事件还与接下来要谈到的"污名化"有关]

此外,在20世纪90年代左右,我们也见到了一些仿制品T恤,如"ADIDOS"(ADIDAS的仿品)和"ELESE"(ELESSE的仿品),以及一些中国制造的自行车品牌,例如"HONTA"(HONDA的仿品)。即使是现在,中国吉林省长春市的一家大型百货公司名叫"银座",这虽然不能算作侵犯著作权(毕竟"银座"这个名称不应该享有著作权保护),但可以说是以日本的"银座"为灵感的"搭便车"行为。

(3)"污名化"(tarnishment,即损害或降低声誉和名声的行为)

"污名化",即对已经赢得声誉的他人作品进行"伤害或贬低"的行为。通常情况下,人们会使用模仿或嘲讽的方式来表达。在前述的"有趣的恋人"事件中,由于将"白色恋人"的特定形象与带有调侃意味的"有趣"表达相结合,导致了对其声誉的伤害,因此也涉及"污名化"的元素。

4 "剽窃"的样态

在学术论文中的问题围绕"引用"展开。其中之一,就是剽窃。因此,我们将重点讨论与"引用"相关的"剽窃或类似行为",并具体考虑在什么情况下会被视为"反伦理性的行为"。在这里,我们使用〔A 论文〕来表示被剽窃的论文,使用〔B 论文〕来表示剽窃的论文。

(1)"剽窃"(他人研究成果的盗用)

(a)"剽窃"的典型——<u>没有"引用"</u>而作为自己的研究成果公开发表

这种情况是指在没有"引用"的情况下,将他人的研究成果作为自己的研究成果公开发表。如果论文的内容"完全相同",当然会构成这种情况(尽管这种情况并不常见),但即使通过改变表达方式或调整叙述顺序等方式,其内容和主张<u>"基本上可以被认定为具有同一性"</u>的,也属于这种情况。

> 〔例3〕〔A 论文〕是留学生 A 在一个国际研究会上发表的学术论文,资料非常详细,包括引用文献。然而,几个月后,参加同一研究会的来自另一个国家的研究生 B 在自己国家的互联网上发布了一篇几乎与〔A 论文〕内容相同的〔B 论文〕(表达有些许差异,但未注明引用〔A 论文〕)。A 所属的研究生院在接到 A 的投诉后,请了包括外部专家在内的 3 名专家进行调查,并收到了报告,报告称虽然有一些不同之处,但整体上几乎相同。A 将这一结果告知 B 所属国的研究生院后,B 所属研究生院感到责任重大,并要求 B 从互联网上撤回〔B 论文〕。

由此为 A 恢复了名誉。但如果他不这样做，回国后如果把它作为自己的论文发表，就可能被 B 指控为剽窃（这也是 A 投诉的重点）。

顺便提一句，在修士论文和博士论文发表前的公开汇报会上，学生们会被要求在简历中省略参考文献（当然，他们必须向指导教授披露所有参考文献）。这是因为，就像上文〔B 论文〕的情况一样，不能说在论文发表之前就不存在有价值的材料或数据被其他研究生使用并发表的风险。保护报告人的利益是一项指导原则。

（b）先出版的情形

根据上述情况，由于〔B 论文〕经过正式程序被撤回，因此并未引发任何更多的问题（但与所属研究院的处理是另一个问题）。然而，如果〔B 论文〕作为 B 的作品出版，将会如何呢？

根据先行者优先原则，先发表的 B 享有优先权，因此无法要求撤回出版等。然而，可以对研究的伦理性提出质疑（向所属大学的伦理委员会等提出申诉），主张 B"在研究会议上剽窃研究报告"（第 187 页）。这一点，将在后面解释。

（c）未公开出版的"学位论文"的剽窃

接下来是关于未公开出版的"学位论文"的剽窃问题。

〔例4〕指导教授 B 将自己指导学生撰写的学位论文等作为自己研究的一部分出版的情形，将构成对著作权的侵害。即使这是一项共同研究，如果未获得共同作者的同意，那么这将被视为剽窃行为。

"学位论文"即使没有出版，经过评审委员会的评审报告并获得教授会的批准，可以视为已经"公开"（公开发表）的作品。此

外,对于"博士学位",有"获得博士学位的人必须在获得该学位的一年内公开其博士论文的全部内容。但是,在获得该博士学位之前就已经公开的场合,不在此限"之规定(《大学学位规则》)。因此,即使未公开发表(出版),也会构成对作品的剽窃和侵害。

(2)"不适当的引用"

在现实中,"剽窃"问题的关注点不在于前文所述的明显的剽窃行为,而是涉及"不适当引用"的情形。这不能说是剽窃,因为有"引用"。当然,这种情形是有意为之的。

(a)徒有其表的引用

i "引用"是一种装饰(违反优先权)。前面提到过,关于"引用",被引用论文与引用论文之间是"主和从"的关系,在先发表的非引用论文〔A论文〕具有优先权,因此〔B论文〕不应对其进行同等引用。但在某些情况下,这一原则被违反了。〔A论文〕只是作为一种形式(装饰)而被引用。

> 〔例5〕〔B论文〕虽然引用了〔A论文〕,但是〔B论文〕的表达或者其主张的内容与〔A论文〕的内容好像"完全一样",或者"基本上一样"的场合。

实际上,这种形式的剽窃非常普遍。在这种引用情况下,〔A论文〕的原创性完全被忽视。如果是只读〔B论文〕而没有读过〔A论文〕的读者,通常会误以为〔B论文〕中包含了独创性的主张(原创性)。后续的研究者也会相信这一点,并采取相似的论调(尽管这本身就是敷衍了事),结果〔A论文〕几乎被搁置不顾。

正如之前指出的[第四编 I 4 (第152页)],如果〔A论文〕已经提出了甲主张,那么〔B论文〕如果也要支持甲主张,就不能采用"A论文也同旨"之类的同等引用的方式,而应该使用"赞同A论文的观点"之类的从属引用。这是因为作品受到以发表先后顺序为据的"先行者优先原则"的约束。发表的先后顺序是明确的,因此当然〔A论文〕可以对〔B论文〕和其他后续者提出控告。特别是在要求客观性的"学说史"的叙述中,这是一个重要的规范。

ii 对译文的剽窃。即使是自己翻译的文章,也仍然构成对原文的剽窃。

> 〔例6〕〔B论文〕只是单纯地将德国的一篇专题论文〔A论文〕作为参考文献提到。然而,实际上,〔B论文〕前两页完全是〔A论文〕的翻译。作者B私下被他人指出了这一问题,在数年后,当作者B将〔B论文〕作为一本完整的研究书籍出版时,相关部分被完全删除(原论文现在已经不复存在)。

即使译文是自己翻译的,由于它并非建立在个人独特的思考基础上,他人阅读时,从其上下文的语调中,也明显可以看出它与原文的不同。因此,在译文中,应该使用引号明确表示,并附上引用注释。

(b)完全依赖"引用"

作者自己的主张几乎完全依赖于引用。关于这一点,我已经提到过了〔Ⅰ④(2)(第153页)〕。在修士论文等中常见的情况是,以"判例研究"为名,大量引用判例,而只是简单地写下自己的观点。

如果要进行判例研究,就必须从整体的视角(作者自己设定的分析角度)对每个判例进行分析。简单罗列判例是几乎没有意义的。

(c)主与从之间的关系(质量与数量之间的关系)颠倒

〔B论文〕(引用论文)和〔A论文〕(被引用论文)在质量和数量上都应该保持主从关系。然而,有些情况下,这种关系会发生颠倒。关于这一点,我已经在前文中提到过〔Ⅰ④(第152页)〕,请结合上述(2)中的问题一同思考。

(d)仅对引用部分进行解说的论文

在实体法领域的修士论文中,尤其可以在"理论研究"和"判例研究"等章节中看到这一点。这是因为在许多情况下,作者找不到关键的"假说",因此不得不表现出"以某种方式"研究了理论和判例的样子。这是在主张未确定而又面临提交截止日期的压力的情形下,学生们采取的共同倾向。

(3)图表、图像等的剽窃

图表、图片和视频等也是其作者或摄影者的作品。因此,复制粘贴或剪切粘贴自然构成剽窃。在这方面,日本科学委员会将盗用文章和剪贴图画作为剽窃的具体例子,并指出,如果研究人员没有"履行研究人员应注意的基本义务",即使该研究人员并非故意为之,也会被视为剽窃行为。①

下面是维基百科上未经授权剽窃我的图表的一个例子。

〔例7〕中的图1是我在我的《民法讲义Ⅳ(债权法总论)》(初版1994年2月2日,成文堂)一书中插入的图表,展示了有关利息限制的法规,包括:①利息限制是逐步规范的;②对于高额利息,将受到严厉的处罚(刑罚);③其中存在着即使违反了利息限

---

① 読売新聞2014年8月14日。

制法规也不会受到刑罚的"灰色地带"。因此,对会出现有些放贷公司可能会收取接近刑罚限度的高利息的情况进行了解释。

〔例7〕

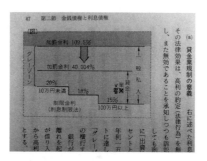

图 1　利率限制,1994 年原件

当时,没有一本法律书籍包含图表,而且只有我的书使用了双色印刷。我同时在大教室的讲座中使用这个图表,并使用〔例8〕中图 2 色彩丰富的 PowerPoint 进行了解说。后来,我了解到一些律师等也在网络上使用类似的图表进行解说。然而,当我查阅〔例9〕图 3 中的维基百科(Wikipedia)时,发现使用的是几乎相同的图表,不得不说,这实际上是擅自的盗用行为。

〔例8〕

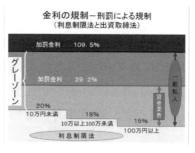

图 2　讲义中的 PowerPoint

〔例9〕①

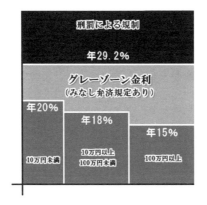

图3 Wikipedia

我之所以不厌其烦地在这里举出自己的例子,是因为维基百科很受欢迎,也很大众化,很多人都可能看到它。因此,读过我这本书的人可能会怀疑,这张图是我从维基百科上剽窃来的。然而,事实并非如此,相反,是维基百科盗用了我的图表,作为作者,我认为有必要明确表明这一点。

(4)教科书的"抄袭"

有些论文完全没有提到其参考过的前人的教科书。顺便说一下,在撰写教科书等时,完全不参考任何资料,而进行系统性和理论性的详细论述是几乎不可能的,教科书的作者应该是在参考了某些前人的书籍的基础上进行写作的(我认为如此)。以前对

---

① 维基百科中"グレーゾーン金利"的条目(截至2021年8月24日仍然存在)。

这种情况往往宽容以待,但今后需要注意引用来源。①

另外,在学生的报告等中,"抄袭"现象非常流行,一旦被发现,往往会在教授会*中被视为"不正当的行为"而受到处罚。

(5) 想法的剽窃

剽窃不仅限于文章,还包括"想法"和"分析或者解析方法"。② 这些剽窃行为也是非常普遍的。从某种意义上说,这可能涉及一些现实且严重的问题。

(a) 想法(理论)的发现

虽然不涉及剽窃,在此还是想就想法的发现闲扯几句。在民法(担保法)领域中,"担保价值维持义务"这个概念现在已经成为一个普遍的词汇,虽然有点自夸,但这个概念确实是由我提出的③,尽管已经过去了30多年了。我的第一本著作《担保物权法》(初版1988年,弘文堂)中的大部分内容是在夏威夷写成的。

某天,在结束了所有关于"抵押权侵害"的内容后,我突然产

---

① 源于河上正二教授的指教。〔日〕河上正二『民法総則講義』(日本評論社,2007年)「はじめに」ⅱ頁参照。

* "教授会",是指由教授和其他教职员工组成的大学院系机构,负责审议大学和院系的各种重要事项。——译者注。

② 〔日〕檀木英介「『研究不正の研究』で研究不正の衝撃」Yahoo! Japan 2019年10月4日。虽然这是一篇医学领域的文章,但也存在值得关注的情况:"有些研究人员在进行预实验等工作后,由于其他研究人员重新采集实验数据的原因,导致论文的作者被剥夺作者身份。如果在进行预实验时提出了创意,并进行了分析和解析方法的改进等工作,那么重新采集数据就涉及盗用行为"。

③ 〔日〕近江幸治『担保物権法』(弘文堂,1988年)156頁以下。〔日〕片山直也『日本における担保価値が低下した場合の債務者の義務』近江幸治=道垣内弘人編著『日中韓における抵当権の現在』(成文堂,2015年)115頁参照。

生了一个疑问。当时,关于设立抵押权的当事人故意损毁抵押物导致其价值减少的情况得构成"抵押权侵害",学说上没有异议(大多数学说至今仍然这样认为)。然而,在抵押权设立的当事人之间存在一种<u>基于信赖关系而产生的</u>特殊关系[我称之为"担保关系"(Pfandverhältnis)],因此<u>抵押人当然负有维持担保物之价值的义务</u>。既然如此,如果从"侵害"理论的角度来理解岂不奇怪?这就是问题所在。如果这个疑问是正确的,那么如果抵押人降低了抵押物的价值,债权人<u>当然</u>可以要求增加担保。如果采用"侵害"理论进行处理,那就必须假定当事人之间的交易关系已经<u>终止</u>(然而,建立在信赖关系上的当事人双方并不希望终止交易关系)。我妻博士认为,只有在当事人之间存在"特约"的情形,才可以请求增加担保,这也是曾经实务界的通说。

这种思考方式决定了我的观点(在反面意义上)。当时,侵权行为理论的深化而流行的义务理论构成给了我启发,抵押权的"侵害"应该区分来自第三人的侵害和来自设定人的侵害,两者之间分别有不同的意义。<u>设定人所应承担的并非因侵害而产生的义务,而是以继续交易(信赖关系)为前提的"担保价值维持"义务</u>。"侵害"这一用语的使用必须限定在源于第三人的侵害行为的情形①。

"担保价值维持义务"后来在最高法院大法庭1999年11月24日的判决中得到确认,但<u>如果不理解抵押权"侵害"问题的本质,不以基于信赖关系的"担保关系"理论为前提的话,这一基本概念是无法确立的</u>。

---

① 当时的情景被作为"酒与玫瑰的日子"的回忆之一。〔日〕近江幸治「一枚の写真から——ハワイでの執筆」受験新報592号(2000年)6頁以下参照。

(b) 研究会中研究报告的剽窃

研究会中的研究报告被剽窃,成为大学之间的一大问题,这已在〔例3〕中提及〔④(1)(第175页)〕。然而,这也可能涉及指导教授和同僚的剽窃行为。

ⅰ 指导教授对学生研究报告的剽窃。

> 〔例10〕就学生 A 在研究会中报告过的未公开发表的〔A 研究〕,指导教授 B 抢先发表了与〔A 研究〕有相同内容的〔B 论文〕等。

在上述的〔例4〕〔④(1)(c)(第176页)〕中,提到了指导教授剽窃学生学位论文的例子。然而,在这种情况下,不是指导教授剽窃已经公开发表的论文,而是指导教授自行发表学生在研究会中的研究成果,并将这一研究成果作为自己的论文。

学生 A 将不能再以论文形式发表其〔A 研究〕的内容。指导教授这种剽窃观点的行为是绝对不被允许的。这也是一个与指导教授的"教学伦理"相冲突的问题,下文将对此进行讨论。

ⅱ 同僚和参加者的剽窃

> 〔例11〕在研究会中,当报告人 A 进行了具有独创性的〔A 研究〕报告之后,研究会的参加者 B 抢先以〔B 论文〕的形式发表了与〔A 研究〕相同的内容。特别是对于资深的学者来说,将别人的研究成果转化为论文并公开发表并不困难,因为他们拥有多种公开发表的途径,因此抢先公开发表是容易的。

在这种情况下,报告人 A 将无法把自己独创的主题作为自己的学说进行论文发表,因为"公开发表"受先行者优先原则的约束。这往往是年轻学者经常遇到的情况。

研究会是研究者们聚集在一起,共同讨论某一主题并进行报告、相互交流意见和批评的场所。因此,在多人参与的研究会中进行的报告本身就是一种"公开发表",这是毫无疑问的事实。因此,可以对抢先公开发表的人 B 提出异议,指责其行为违反伦理(主张自己具有优先权)。

"公开发表"并非必须以印刷品的形式呈现,同时有多人参与的场合下进行的报告也可被视为"公开发表"。然而,更为重要的问题在于,抢先公开发表的 B 的行为严重违背了"研究者伦理"。

鉴于此类情况的存在,在研究会中,应谨慎考虑<u>在此阶段披露所有作为自身观点依据的珍贵资料</u>。

(c) 有影响的想法

〔例12〕当〔A 著作〕在其修订版中,新增了之前未被任何人提及的该国的甲政策(地区福利权益保护项目)的论述后,〔B 著作〕在其后续的修订版中,也追加了有关甲政策的论述。显然,〔B 著作〕参考了〔A 著作〕的修订部分。

甲政策是一项历史悠久的国家政策,因此并不意味着〔A 著作〕对其论述具有优先性,所以也不会引发伦理问题。然而,如果过度模仿,就可能被称为所谓的"想法抄袭"。〔B 著作〕最好能更多展现其独特性和原创性。

(d) 课堂上的想法

想法是指个人独特的灵感。先前我提到了我的图表被维基百科抄袭的例子〔例7~9〕,自 2005 年以来,我的课堂一直都是使用 PowerPoint 进行授课的。在课堂上所做的事情和说的话常常会在网络和社交媒体上流传开来,前述维基百科的图表,从配色等方面来看,更像是使用了"课堂"中的 PowerPoint 内容,而不是直接引用自我的原作〔例7〕。

"课堂"也是一种"公开发表"的场所，因此如果其内容有独创性，应将优先权授予授课者。

此外，关于我在课堂上使用的 PowerPoint 图表，除使用免费的内容外，我还会征得作者的许可才会使用，因此不会以数字内容的形式提供给学生。这是为了防止二次盗用。然而，作为一种授课方法，我允许学生使用智能手机、数码相机等设备拍摄 PowerPoint 屏幕，条件是不得用于任何其他目的。然而，但最近我发现，一些学生未经许可就将这些内容传播到 Twitter 和其他社交媒体上。有一次，一张期末考试答案的错误示例照片甚至被发布到了 Twitter 上，我曾要求将其删除。课堂上的想法很可能就是通过这种途径泄露出去的。

(6) 翻译作品（衍生作品）的剽窃

就翻译（衍生作品）而言，原封不动地使用前人的译文，显然也构成剽窃。这种情况属于"译作的间接引用"，即某人将现有的译文据为己有，仿佛自己就是在引用原著。不过，这种情况可能很难识别。只有当译文作者使用了原创的表达方式，或者原著是一份罕见的资料时，剽窃行为才会被发现。

> 〔例 13〕关于某一主题，假设〔A 论文〕首次引用并翻译了相关原典文献（发现了原典文献！）。随后，〔B 论文〕引用并翻译了同一主题的原典文献，就像他自己独立发现的一样，甚至没有引用〔A 论文〕。

如果原典文献是 19 世纪左右的古老文献，很难获得且属于罕见之物，那么〔A 论文〕的作者可能想要了解 B 是从哪里获取到它的。这也涉及间接引用〔例 2〕和违反优先权〔例 5〕的共通问题。

此外,有时学生会在其研究报告中直接使用机器翻译(翻译软件)生成的译文。由机器翻译生成的文本与人工翻译而成的文本完全不同(就目前而言),读起来会很奇怪。这种行为被视为"考试作弊行为",常成为处分的对象。

(7)资料和数据的捏造、篡改

资料和数据的捏造、篡改通常被用来将自己的主张作为新见解。在医学和科学领域中,因为资料和数据决定了临床试验的结果,所以作为证明的资料和数据非常重要。而正是在这一领域中,捏造和篡改已成为一个重大的社会问题(研究伦理问题)。

然而,同处理直接确定地与结论相关的自然现象(自然法则)的自然科学不同,<u>社会科学研究的是社会现象(社会法则),它假定社会性经验会以极高的盖然性得出某些结论</u>。因此,社会科学中很少见到数据的"捏造和篡改"(更准确地说,即使进行了捏造和篡改,也并不能得出"绝对性的结论",从而不会有任何意义)。

在登记、注册事项以及成人监护案件中,经常使用大量的统计数据,并且经常可以看到引用其他书籍的例子。特别是对于难以获取的资料而言,一般来说,官方机构的网站应该会公开发布,所以可以通过引用来解决(但是,在这种情况下,必须明确注明出处,例如"依据……")

(8)自己作品的挪用(转用)

就论文等作品,其作者享有"著作权(作为财产性权利的著作权)"(《著作权法》第21条以下)。因此,存在问题的是,一旦作品在杂志上或刊物上公开发表,作者是否可以将其作品再次刊登在其他杂志或刊物上。这不仅涉及作者的道德问题,同时也涉及与出版社的"出版权"(《著作权法》第 79 条以下)相冲突问题。

(a)"出版权"的侵害

在与某个出版社之间设立了"出版权"(通过出版合同达成)的情况下,该出版社拥有与出版相关的"专有"权限(《著作权法》第 80 条第 1 款)。因此,作者在一定的期间内无法将其相同的论文等作品向其他出版社出版[详细内容请参考Ⅱ ③ (5)(第 169 页)]。

首先,如果有特别约定的话,所谓"一定的期间"是指特别约定中设定的期间。根据一般的出版合同(模板),作者有义务在一定的期间内不得转载或出版该作品的全部或部分(出版社的排他使用权),其中,单行本的期间为 5 年,杂志的期间为 1 年。因此,如果在这段时间内,作者向其他出版社出版相同的作品,将构成出版权的侵害。

其次,如果是在没有特别约定的情况下,"一定的期间"是指出版权的存续期间。出版权自出版权设立后的首次出版行为等之日起,满 3 年之日后消灭(《著作权法》第 83 条)。然而,即使存在这样的期间限制,当作者特别希望将自己的作品收录在自己的单行本中时,可以通过与出版社协商而获得许可。

(b)一稿多发

当同一篇文章在多本书籍或期刊上发表时,就会出现这个问题。

[例 14] A 将自己的论文投稿并刊登在 B 古稀论文集中,然后几乎在同一时间 A 又将同一篇论文投稿给 C 古稀论文集的情况。

虽然毫无疑问，〔例14〕中 A 的行为是侵犯出版权的行为，但是 B 出版社和 C 出版社可能都不知道这二重投稿的事实，而且如果几乎是同时投稿的话，就很难确定是 B 出版社还是 C 出版社拥有独占性的出版权。在实践中，出版合同的执行可能并不严格，因此在现阶段，这只能被视为作者自主的伦理性问题。

⑤ 论文的"代笔"

所谓"代笔"，是指论文不是由自己撰写，而是由他人代为撰写的行为。在学术论文等方面的代笔行为可谓不可容忍，在撰写本书时，我也犹豫过是否应该提及这一现象。然而，鉴于现实中确实存在这样的现象，我们不得不加以讨论。

(1) 制药公司代写医师的论文

> 〔例15〕医师在参与制药公司的患者调查后发表的论文，据称该制药公司实际上进行了代笔，即"该制药公司负责数据汇总和草稿的撰写"。该论文以医师的名义在医学杂志上发表，作者栏中均没有提及制药公司相关信息。

〔例15〕中这两篇论文都在去年被撤回了。此外，在这起事件中，医师的代理律师发表了一则评论，称"与制药公司合作撰写论文在这个行业是很普遍的。医师会仔细地确认论文的内容"。这个评论存在一定问题。"在这个行业是很普遍的"之说法可能是想表达"惯常行为"，但这并不能成为正当化制药公司代写医师论文的理由。

(2) 论文代写行业

在网络上也确实存在着"毕业论文、报告代写"的公司,它们提供的价格表如下:代写报告的价格为每 2000 字 2 万日元,代写毕业论文的价格为每 1 万字 10 万日元(2 万字为 20 万日元),研究论文的修改、指导为每 4000 字 4 万日元,修士论文为每 4 万字 40 万日元(1 个月的时间)。对于这种现象,在这里就无须再进行评论了。

6 自由研究的保障与"指导伦理"

(1)指导教授的作用——"学位论文的完成"

在研究生学习生涯中,指导教授"指导"什么?那就是"学位论文的完成"。

指导教授既然以"指导教授"的身份接收了学生,那么<u>他就对学生完成学位论文负有部分责任</u>,因此,应该负有<u>使学生完成学位论文的义务和责任</u>。因此,指导教授必须意识到,学生无法完成学位论文也是自己的责任。

即使是博士论文(更不用说修士论文了),刚开始进行研究的学生所写的论文初稿还存在着许多不成熟的地方。尽管要求他们进行汇报,也会发现研究目的不明确、收集到的资料不充分,以及其他明显的问题。然而,如果指导教授只是简单地"批评"(只是责备他们没有做得更好),那就不能称为真正的指导了。

"指导教授"的"指导",就是先在这样的论文初稿中,指出学生的不足之处和研究重点,然后逐一指导制定研究计划的方法、论文项目的拟定方法、判例和学说的整理方法、收集文献的方法等,最后让学生以"博士论文"或"修士论文"的形式完成,获得学位。

因此,如果学生说他写不出论文,部分责任在于指导教授指导学生的方式。

(2) 学生眼中的"指导教授"

如上所述,"指导教授"是学生"完成学位论文"最重要的指路明灯。因此,如何使用这一指路明灯,取决于学生的动机和方法。

因此,让指导教授随时了解你的研究内容和进展情况非常重要。指导教授的学生人数众多,通常没有空余的时间逐个询问学生的研究进展情况。如果你能与指导教授进行这样的沟通,你就很有可能完成论文。

此外,我想从一个"指导教授"的角度,斗胆提出以下两点看法:

①事实上,大约20名学生中就会有1名落伍者。根据经验来看,这不是"指导"的问题,而是学生作为研究者的素质问题,这是不可避免的。

②虽然博士论文和修士论文都有规定的提交日期,但事实上,有相当数量的学生会在最后期限才提交。在这种情况下,作为指导教授,即使想进行指导,也无法做到。因为对于这样的论文来说,在时间上已经无法进行修改了。由于存在这种情况,会有一些学生选择退出或者得到低分评价。

准此而言,着实有必要向学生提出这样的建议:"善用你的指导教授!"①。

(3)"自由研究的保障"

在指导研究生撰写修士或博士论文时,"研究指导"方面的伦理也必须作为研究伦理的一部分加以考虑。而这一切都是为了"保障学生开展自己研究的自由"。

> 〔例16〕在法制史等研究者数量较少的领域,如果一个研究者自认为是该时代的专家,他可能会采取一种指导方针,即只允许学生研究除此时代以外的内容(否则不允许他们进入博士课程)。

〔例16〕中指导方针表明"这个时代已经有我,所以不需要其他研究者",但这样做会打击学生自由开展研究的积极性,有违指导伦理。

> 〔例17〕一般情况下,研究生在向学术期刊投稿论文时,通常需要指导教授的同意。在这种情况下,有时指导教授可能会无正当理由地不予同意(导致该学生无法发表论文)。

根据〔例17〕在这种情况下,可能的原因是学生选择的主题或思考方法存在问题,但在有的时候,也会因教师与学生之间缺乏沟通而发生。然而,需要注意的是,在需要经过"审阅"的情况下,如果"审阅"后给出的结果是否定的,那就是另外一个问题了。

---

① 有些学生会说"和指导教授合不来",并且不与指导教授联系。然而,这对他们自己来说是一种损失,也可能意味着放弃了进入研究生院的目标。与指导教授保持沟通,如果还是觉得"合不来",那么最好走更换指导教授的程序。

> [例18]在像国际法等专业领域中,这些领域被细分为 A 领域、B 领域、C 领域,并各自具有特殊性。C 领域的学生希望写 A 领域的论文,但 A 领域的教授不允许他们写或强迫他们转到 A 领域展开研究的情形。

[例18]中的指导教授的行为忽视了"保障自由研究"的原则,不能称为指导。尤其在当今社会,引导学生进行跨学科领域的研究是有必要的,不应否定学生在这方面的意愿。指导应该以符合学生意愿的方式来自由开展研究,并在必要时积极地向学生介绍其所选择之领域的专家。

无论如何,必须"保障"学生在论文选题和内容方面的"研究自由"。即使在选题等问题上征求学生意见,也最好先询问他们的关注点之所在,然后再让他们做出最终的决定[参见前述 Ⅱ 1 (1)(2)(第164页)]。

(4)对留学生的指导

最近,研究生中的留学生人数不断增加,可能有很多研究生院的一半以上学生都是留学生。在"研究指导"方面,对研究生的指导与日本学生不存在区别,但是仍有必要对留学生予以特别的关注。

(a)日语对话能力的提高

首先,因为如果日语对话不流畅,论文方面就会缺乏指导。特别是已婚的留学生因为家庭内部的对话较多,与指导教授日常对话的能力常常难以得到提升。因此,指导教授与学生经常保持联系非常重要。

(b) 日语写作能力的提高

其次,即使日常对话能够流利,但用日语表达句子的意思不通顺的情况不在少数。顺便提一下,我有时会修改留学生投稿给期刊的文章,通常需要两天左右的时间,才能在确认学生意图的同时,修改意思不明确的句子。这也是指导教授的宿命吧。

(c) 生活指导

最后,不能忽视对留学生的生活指导。回想一下我们在其他国家留学时的经历,就会知道留学生到日本后往往会被"衣、食、住"等问题所困扰。因此,我希望尽可能多地为他们提供建议。但是,在学生入住公寓时,指导教师不应该成为担保人。因为一旦出现问题,指导教师将不得不承担全部责任。因此,早稻田大学规定,教职员工不得作为留学生住房的担保人。

(5) 权力骚扰

"指导伦理"常常与"权力骚扰"联系在一起。根据厚生劳动省的定义,"权力骚扰"是指"工作场所中处于上级地位的上司或同事,在工作范围之外对他人造成精神或身体上的痛苦或使工作环境恶化的行为",具体行为分为以下六类:

① 暴行、伤害等身体性的攻击;

② 侮辱、言语攻击等精神性的攻击;

③ 在职场中孤立或忽视他人;

④ 强迫他人完成不可能完成的任务;

⑤ 下达与其能力和经验不符的工作,或者不下达工作;

⑥ 过度干涉下属等的私人生活。

以上各项不再一一解释。上述"导师剽窃学生观点"[4]

(5)(b)ⅰ(第184页)]等的案例,一方面违反了"研究伦理"和"教学伦理",另一方面也与"权力骚扰"的规定相抵触。

不过,因为本书关注的是研究指导的实质性问题,所以并不会从"权力骚扰"的角度来讨论这一问题。

第五编

资料1 文献引用的标注方法(出处的注明)

在学术论文中，必须尊重和引用已经发表的作品和资料等，引用方法应简单统一。为此，法律编辑座谈会（特定非营利性法人法律教育支持中心）制定了"法律文献等之出处的标注方法"（1989年），该方法现已成为引用法律文献的标准［参见第四编 Ⅰ 6（1）（b）（第157页）］。

下文在征得法律编辑座谈会的同意后收录了其2014年版的"法律文献等之出处的标注方法"，但这只是法律编辑座谈会建议的引文格式之一，并不意味着作者必须遵循。事实上，由于不是从作者的角度编写的（参见第160页），有些标准难以运用，如"前述文献"之注释的标注等（参见第207页），而且信息也没有更新。因此，本书以上述编排方法为基础，增加、更新和替换了一部分信息。

无论如何，引用的意义只是让读者一目了然地看到引用的是谁（作者）、引用的是什么（书名和出版年份）以及引用的位置（页码）。只要表明了这些事项，即使作者的标注方法与下文所述的标注方法有所差异，在一定程度上也是可以容许的。

在法律以外的社会科学和人文学科中，并没有像法学那样遵循特定的格式，而且各学术界（学会）的格式也不尽相同。我将在此介绍早稻田大学公共管理研究生院的文献引用格式，并将其作为一般社会科学文献引用方法的参考格式。除此之外，我还将简要介绍人文科学类学会的引用方法，以供参考。

I 文献引用的标注

1 杂志论文

> 执笔者名「论文名」杂志名 卷 号 页(发行年),或者执笔者名「论文名」杂志名 卷 号(发行年)页

〔例〕①山口厚「刑法典—過去・現在とその課題」ジュリ1348号2頁以下（2008）

②大村敦志「大きな公共性から小さな公共性へ—「憲法と民法」から出発して」法時76巻2号（2004）71頁以下

〔注〕1)应标注该论文的副标题。

2)标注特集标题时,应将其置于末尾的( )内,如(特集 刑法典の100年)等。

3)「 」中的键括号最好用『 』代替。

4)页码并非用"ページ"标注,而是用"頁"标注。原则上,页码应按照相关卷号中引用页的页码标注,但在所引用的杂志是合

订本等情况下，如果存在连续的页码，也可以用该页码标注。

5）最好标注发行年份，用和历标注亦可。

6）卷、号、页可以用"—"（破折号）或者"·"（间隔号）缩写，例如：国家73-7=8-1

7）如果有再收录的论文集，应标注论文集的名称、发行公司名称和论文集页数等。例如：書名（発行所、発行年）所収、○○頁以下

8）期刊缩写在本书第255页以下给出。

② 单行本

（1）独著的场合

> 执笔者名『书名』页（出版社、版本号、发行年），或者执笔者名『书名』（出版社、版本号、发行年）页

〔例〕塩野宏『行政法（1）行政法総論』121頁（有斐閣、第5版、2009）

〔注〕1）书名一般用『』括起来，但也可以写成"·"（间隔号）。
例如：塩野宏·行政法（1）（有斐閣、第5版、2009）121頁

2）在上面的例子中，标题是"行政法（1）"，副标题是"行政法総論"，这应根据这本书的扉页和版权页来确定。

3）原则上应标注丛书名、副标题、发行地和发行年份。

4）卷名，如"第1卷"，可标注为（1）等，而不是原文中的卷名。

5) 如果书名中标注了"改订版""新版"等信息,应将其作为书名的一部分进行标注;如果书名中没有标注这些信息,则应在( )内进行标注。此外,对于第 1 版,不需要标注版本信息。

6) 就(出版社、版本号、发行年)的顺序而言,以(发行年、版本号、出版社)的形式来标注也可以。

(2) 合著的场合

> 合著作者名『书名』页〔执笔者名〕(出版社、发行年)

〔例〕小野晶延=松村信夫『新・不正競争防止法概説』91 頁（青林書院、2011）

〔注〕1) 出处的标注方法,请参见(一)独著的场合。

2) 如果有三位或更多合著者,则只标注一位合著者,其他合著者的姓名标注为"ほか"。

3) 连接合著者的符号也可以是"・"。

(3) 编著的场合

(a) 一般规定

> 执笔者名「论文名」编(著)者名『书名』页(出版社、发行年),
> 或者,
> 编(著)者名『书名』页〔执笔者名〕(出版社、发行年)

〔例〕①岡部喜代子「共同相続財産の占有をめぐる諸問題」野田愛子ほか編『新家族法実務大系〔3〕相続〔1〕相続・遺産分割』137 頁（新日本法規出版、2008）

②遠藤浩=川井健編『民法基本判例集 第三版』255 頁以下

〔遠藤〕（勁草杏房、2010）

〔注〕1) 出处的标注方法, 请参见(一)独著的场合；

2) 如果编(著)者为三人或三人以上, 则只标注一人之姓名, 其他合著者的姓名标注为"ほか"。

(b) 讲座类文献

> 执笔者名「论文名」编者名『书名』页(出版社、发行年)

〔例〕①土井真一「日本国憲法と国民の司法参加－法の支配の担い手に関する覚書」土井真一編『岩波講座 憲法 4 変容する統治システム』235 頁（岩波書店、2007）

②梶村太市「和解・調停と要件事実」伊藤滋夫＝長秀之編『民事要件事実講座 2－ 総論 II』210 頁（青林書院、2005）

〔注〕1) 出处的标注方法, 请参见一、杂志论文。

2) 当执笔者和编者相同时, 应省略编者(参见例②)。

3) "编者代表""编者"可以略写为"編", "監修"可以略写为"監"。

4) 第 1 卷・第 2 卷、上卷・下卷等应按原文标注, 但也可标注为(1)・(2)或(上)・(下)。

5) 括起书名的『』可以省略。在这种情况下, 编者姓名和书名之间应以"・"(间隔号)连接。

(c) 评注

> 编者名『书名』页〔执笔者名〕(出版社、版本号、发行年),
> 或者,
> 执笔者名『书名』页〔编者名〕(出版社、版本号、发行年)

〔例〕①江頭憲治郎編『会社法コンメンタール6－新株予約権§§236－294』16頁〔江頭憲治郎〕（商事法務、2009）

或者，

②江頭憲治郎『会社法コンメンタール6－新株予約権§§236－294』16頁〔江頭憲治郎編〕（商事法務、2009）

〔注〕除上述内容外，参见(1)独著的场合。

(d) 纪念论文集

> 执笔者名『论文名』呈献者名『书名』页(出版社、发行年)

〔例〕平井宜雄「債権者代位権の理論的位置－解約返戻金支払請求権の差押および代位請求を手がかりとして」加藤一郎先生古稀記念『現代社会と民法学の動向〔下〕－民法一般』223頁（有斐閣、1992）

1) 呈献名可以缩写，如"加藤一郎古稀"。

2) 此外，最近的一些纪念文集没有标注呈献者名。在这种情况下，应按照2.讲座的出处标注方法来标注。

(4) 译著的场合

> 原著者名(译者名)『书名』页(出版社、发行年)

〔例〕オッコー・ベーレンツ著（河上正二訳）『歴史の中の民法－－ローマ法との対話』73頁（日本評論社、平13）

〔注〕出处的标注方法，请参见(1)独著的场合。

3 判例研究

(1) 杂志的场合

> 执笔者名「判批」杂志名 卷 号 页(发行年),或者执笔者名「判批」杂志名 卷 号(发行年)页

〔例〕高部眞規子「判批」金法 1897 号 26 頁（2010）

〔注〕1）"判例批评"和"判例研究"等其他判例研究的标注方法，除上述方法外，还包括按原文标注标题，只列出作者姓名和出处的标注方法，如"高部眞規子・金法 1897 号 26 頁"。

2）如果是"判例解说"（最高法院调查官解说），那么就用"判解"予以标注。

(2) 单行本的场合

> 执笔者名『书名』事件,或者执笔者名『书名』页(出版社、发行年)

〔例〕東京・大阪医療訴訟研究会編著『医療訴訟ケースファイルVol.3』127 頁（判例タイムズ社、2010）

〔注〕也可以使用"判民""商研判""最判解说"等缩写。

4 座谈会

> 出席者等「主题」杂志名(书名) 卷 号 页〔○○发言〕(发行年),或者出席者等「主题」杂志名(书名) 卷 号(发行年)页〔○○发言〕

〔例〕綿貫芳源ほか「行政事件訴訟法を見直す（下）」自研 76 巻 6 号 18 頁〔園部発言〕（平 12）

5　"前揭"（前引）文献与"注"的标注

(1)"前揭"(前引)文献的标注

"法律编辑座谈会的标注方法"建议"前揭"（前引）文献应当按照以下方式标注：

> 〔"前揭"（前引）文献的标注〕
> 例：中山・前揭注（20）240 頁
> 注：无论是单行本还是论文，均应标注首次出现的注释编号，以表示前揭(或上一次)出现的内容。如果同一(注)中引用了有关作者的多份文献，应使用下述标注方法。
> (a)论文的场合
> 原则上，只须标注相关杂志的名称。不过，也可以使用论文标题的缩写进行标注(这种用法在连载论文中尤其容易让人理解)。卷、号等应予以省略。
> 例 1：(16) 碓井光明「行政上の義務履行確保〈総会報告〉（第 60 回総会行政の実効性確保）」公法 58 号 141 頁（1996）→碓井・前揭注（16）141 頁
> (b)单行本的场合
> 例 2：(30) 菅野和夫『労働法第九版（法律学講座双書）』（弘文堂、2010）374 頁→菅野・前揭注（30）374 頁

问题出在上面方框中的下划线部分。通过查看注释编号，这种方法的确可以找到更多有关文献的信息，如标题、出版年份、出

版社等。但对于作者和编辑来说,这也是一种极为不便的方法。

在撰写论文的过程中,经常会改写句子,添加或删除注释。在添加和删除注释时,文字处理程序会自动重新编号。但是,注释的"前揭"(前引)部分不会改变,因此,如果在上面的例 2 中增加了两个注释,那么作者就必须手动将它们逐一改为"前揭注(32)"。如果作者忘记手动进行上述修改,就会造成很大的麻烦。这也是令编辑苦恼的地方。

总之,法律编辑座谈会的标注方法没有考虑到作者的写作情况。因此,我决定不采用这种标注方法。以上面的例 2 为例,我决定将其标注为"菅野·前揭『労働法』374 页"。在这种情况下,既然标注了"前揭"(前引),就没有必要使用"第 9 版"或其他标题,我不介意简化标题。而且,由于明确标注了标题,即使注释很多,也不会出现弄不清楚"前揭"(前引)意在指涉哪个注释等类似的问题。

(2)注释编号的标注

注释编号应参考方法 i 和方法 ii,连续编号。*

(a)讲座论文、杂志论文的场合

同一篇论文应连续编号。但是,如果是长篇论文,应当以方法 ii 的形式予以编号。

(b)专题论文的场合(包括杂志上连载的论文、单行本)

以编、章或节之类的形式,标注每个主要标题的序号。

---

* 在我国的学术文献中,引注符号使用阿拉伯数字,可以带圆圈(如"①,②,③"的形式)或者六角括号(如"〔1〕,〔2〕,〔3〕"的形式),也可以不带(如"1,2,3"的形式)。引注序数,文章建议每篇连续编码,图书建议各个篇章连续编码。参见《法学引注手册》第 12 页。——译者注

Ⅱ 判例、先例、通知的标注

1 判例的标注[*]

> 最大判平成 22 年 1 月 20 日民集 64 卷 1 号 1 页
> 福冈高宫崎支判平 22·1·29 金判 1349·49
> 大判大 12·4·30 刑集 2 卷 378 页

〔注〕1)一般而言,标注的是相关判例公布时的首页页码,包括判决事项和所附解说。但是,在相关案件和下级法院的参考判例等多个判例一起列出的场合,如果提及的是第二次或者更后面出现的判例,则应标注这些判例首次公布时的页码。

---

[*] 在我国(中国)的学术文献中,引用案例通常包括案例名称和案例来源,其基本格式为:吉林鑫城房地产综合开发有限责任公司诉汤东鹏房屋买卖合同纠纷案,最高人民法院(2018)最高法民申 1774 号民事裁定书。在现行的案号管理规定下,法院数字代码开头的"0",不能省略;原先案号中的"字"字,省略不写。如黄苑华诉李松林借款合同纠纷案,广东省广州市中级人民法院(2023)粤 01 民终 25558 号民事判决书。详见《法学引注手册》第 38—40 页。——译者注

2）特别是在引用相应的部分的情况下，应用〔〕（六角括号）将页码包围起来，或者并列写上逗号。

例：最大判平成 22 年 1 月 20 日民集 64 卷 1 号 1 页〔12 页〕

3）引用页应标注为案例集的连续页码。

4）就最高法院的大法庭判决，应标注为"最大判"，就小法庭判决，则应标注为"最判"（如果需要标注小法庭，则应标注为"最〇小判"）。此外，就旧大审院的联合部判决，应标注为"大连判"，而其他判决则应标注为"大判"。

5）年、月、日以及卷、号、页也可以用"·"（间隔号）标注。

例：最大判平成 22 年 1 月 20 日民集 64 卷 1 号 1 页〔12 页〕

6）原则上，在竖排格式的场合，应使用汉字的数字标注年、月、日，但用阿拉伯数字标注也可以。

② 先例、通告

平 23·9·12 法务省民—2426 号民事局民事第一课长回答（户籍 863·83）

| Ⅲ | 电子资料(digital content)的标注

(1) 有页码概念的封闭型文献(如 DVD 等)的情形

在引用带有页码的文献(如存储在 DVD 或 CD—ROM 介质上的书籍)时,应按照一般的原则,标注文献本身所示的标题、页数等。

(2) 有页码概念的开放型文献的情形*

如果引用的文献是从一开始就已在网上发布的,且没有页码,那么就标注 URL,并在末尾用括号标注访问日期。

---

* 在我国(中国)的学术文献中,引用网络文献应当谨慎。如果文章已在纸质出版物上发表,原则上应引用纸质出版物上发表的文章;纸质出版物未刊载,又确有必要的,可以引用互联网上的文献或者广播电视节目。其中,引用互联网上的文献,其基本格式为:汪波:《哈尔滨市政法机关正对"宝马案"认真调查复查》,载人民网 2004 年 1 月 10 日,http://www.people.com.cn/GB/shehui/1062/2289764.html。引用互联网上的文献,一般不要求注明"访问日期"。网页没有显示上传日期的,引用时可以标注最后访问日期;涉及动态页面,访问日期对查询结果有直接影响的,应当注明访问日期。详见《法学引注手册》第 29—30 页。——译者注

〔例〕法律編集者懇話会、「法律文献等の出典の表示方法〔2013年版〕」、法教育支援センター、http://www.houkyouikushien.or.jp/katsudo/pdf/horitsu.pdf、(2014.03.14)

〔注〕如果网站名称与作者姓名相同,则可省略。

(3) 没有页码概念的网站、数据库等情形

有些网站和数据库的标题并不总是很清楚,务必注意。建议通过联系作者或网站创建者来核对这些标题。

〔例〕参議院、「参議院審議概要 第162国会【常会】委員会及び調査会等の審議概要- 法務委員会」、http://www.sangiin.go.jp/japanese/gianjoho/old_gaiyo/177/1774103.pdfl、(2013.11.06)

Ⅳ 法令名称的缩写

以下法令名称的缩写,系依据各年版本的综合六法全书(三省堂,有斐阁)。*

あ行

あらゆる形態の人種差別の撤廃に関する国際条約　　人種

---

* 在我国(中国)的学术文献中,引用法律文件名称,法律文件名称应加书名号,且法律文件的"试行""草案",以及刑法修正案的序号,应当视为法律文件名称的一部分,括注于书名号内。基本格式如:《中华人民共和国民事诉讼法(试行)》《中华人民共和国刑法修正案(十)》。在不引起误解的情况下,法律文件名称中的"中华人民共和国"可以省略,无须特别说明。如《中华人民共和国民事诉讼法(试行)》可以略写为"《民事诉讼法(试行)》",但文件名称中引用的其他文件的名称,不略写。例如,《最高人民法院关于适用〈中华人民共和国刑事诉讼法〉的解释》不略写为"《最高人民法院关于适用〈刑事诉讼法〉的解释》"。法律文件名称较长,文中需要反复提及的,可以使用业内通行的缩略语;缩略语仍加书名号。使用缩略语的,必须在该文件第一次出现时予以说明,"以下简称《××法》"。基本个数为:《中华人民共和国民法典》(以下简称《民法典》)。使用缩略语应当兼顾行文简省和表述自然。通常情况下,不建议使用过分简略的用法。例如,把《治安管理处罚法》说成"处罚法""治管法",把《民法总则》说成"民总"。详见《法学引注手册》第33页。——译者注

差別撤廃約

　　育児休業、介護休業等育児又は家族介護を行う労働者の福祉に関する法律　　育児介護

　　意匠法　　意匠

　　一般社団法人及び一般財団法人に関する法律　　一般法人

　　か行

　　外国為替及び外国貿易法　　外為

　　介護保険法　　介保

　　会社計算規則　　会社計算

　　会社更生法　　会更

　　会社更生法施行規則　　会更規

　　会社分割に伴う労働契約の承継等に関する法律　　労働契約承継

　　会社法　　会社

　　会社法施行規則　　会社規

　　会社法の施行に伴う関係法律の整備等に関する法律　　会社法整備

　　覚せい剤取締法　　覚せい剤

　　確定拠出年金法　　確定拠出

　　貸金業法　　貸金業

　　家事事件手続規則　　家事規

　　家事事件手続法　　家事

　　河川法　　河川

　　学校教育法　　学教

割賦販売法　**割賦**
仮登記担保契約に関する法律　**仮登記担保**
環境影響評価法　**環境影響評価**
環境基本法　**環境基**
偽造カード等及び盗難カード等を用いて行われる不正な機械式預貯金払戻し等からの預貯金者の保護等に関する法律　**偽造カード**
教育基本法　**教基**
行政機関の保有する個人情報の保護に関する法律　**行政個人情報**（行政個人情報保護）
行政機関の保有する情報の公開に関する法律　**行政情報公開**
行政事件訴訟法　**行訴**
行政代執行法　**代執**
行政手続法　**行手**
行政不服審査法　**行審**
供託法　**供託**
銀行法　**銀行**
金融商品取引法　**金商**
金融商品の販売等に関する法律　**金販**
経済的、社会的及び文化的権利に関する国際規約　**人権Ａ規約**
警察官職務執行法　**警職**
警察法　**警察**
刑事収容施設及び被収容者等の処遇に関する法律　**刑事**

収容
　　刑事訴訟規則　刑訴規
　　刑事訴訟費用等に関する法律　刑訴費
　　刑事訴訟法　刑訴
　　刑事補償法　刑補
　　軽犯罪法　軽犯
　　刑法　刑
　　健康保険法　健保
　　検察審査会法　検審
　　検察庁法　検察
　　建築基準法　建基
　　公益社団法人及び公益財団法人の認定等に関する法律
公益法人
　　公益通報者保護法　公益通報
　　公害紛争処理法　公害紛争
　　後見登記等に関する法律　後見登記
　　皇室典範　典範
　　公衆等脅迫目的の犯罪行為のための資金の提供等の処罰に関する法律　犯罪資金提供
　　公職選挙法　公選
　　厚生年金保険法　厚年
　　更生保護法　更生
　　公文書等の管理に関する法律　公文書管理
　　小切手法　小切手
　　国際物品売買契約に関する国際連合条約　国際売買約

国際連合憲章及び国際司法裁判所規程　**国連憲章**（国際裁）

国際連合平和維持活動等に対する協力に関する法律　**国連平和維持**（国連平和協力）

国税徴収法　**税徴**

国税通則法　**税通**

国税犯則取締法　**税犯**

国籍法　**国籍**

国民健康保険法　**国保**

国民年金法国年国有財産法　**国財**

個人情報の保護に関する法律　**個人情報**（個人情報保護）

戸籍法　**戸籍**

国会法　**国会**

国家行政組織法　**行組**

国家公務員法　**国公**

国家公務員倫理法　**国公倫理**

国家賠償法　**国賠**

国旗及び国歌に関する法律　**国旗国歌**

雇用の分野における男女の均等な機会及び待遇の確保等に関する法律　**雇均**（雇用均等）

雇用保険法　**雇保**

さ行

災害対策基本法　**災害基**

最高裁判所裁判官国民審査法　裁判官審査
財政法財政最低賃金法　最賃
裁判員の参加する刑事裁判に関する法律　裁判員
裁判所法　裁所
裁判の迅速化に関する法律　裁判迅速化
自衛隊法　自衛
資金決済に関する法律　資金決済
自然環境保全法　自然環境
失火ノ責任ニ関スル法律　失火
実用新案法　新案
私的独占の禁止及び公正取引の確保に関する法律　独禁
児童虐待の防止等に関する法律　児童虐待
自動車損害賠償保障法　自賠
児童の権利に関する条約　児童約
児童買春、児童ポルノに係る行為等の処罰及び児童の保護等に関する法律　児童買春
児童福祉法　児福
市民的及び政治的権利に関する国際規約　人権B規約
借地借家法　借地借家
社債、株式等の振替に関する法律　振替（社債振替）
宗教法人法　宗法
住宅の品質確保の促進等に関する法律　住宅品質
銃砲刀剣類所持等取締法　銃刀
住民基本台帳法　住基台帳
出資の受入れ、預り金及び金利等の取締りに関する法律

出資
　　出入国管理及び難民認定法　　入管
　　商業登記法　　商登
　　少年審判規則　　少年規
　　少年法　　少年
　　消費者教育の推進に関する法律　　消費教育
　　消費者基本法　　消費基
　　消費者契約法　　消費契約
　　消費税法　　消費税
　　商標法　　商標
　　商法　　商
　　商法施行規則　　商規
　　職業安定法　　職安
　　食品衛生法　　食品衛生
　　食品表示法　　食品表示
　　女子に対するあらゆる形態の差別の撤廃に関する条約
女子差別撤廃約
　　所得税法　　所得税
　　人事訴訟規則　　人訴規
　　人事訴訟法　　人訴
　　心神喪失等の状態で重大な他害行為を行った者の医療及び観察等に関する法律　　医療観察
　　信託業法　　信託業
　　信託法　　信託
　　ストーカー行為等の規制等に関する法律　　ストーカー

生活保護法　　生活保護
　　　政治資金規正法　　政資
　　　精神保健及び精神障害者福祉に関する法律　　精神福祉
　　　製造物責任法　　製造物
　　　性同一性障害者の性別の取扱いの特例に関する法律　　性
同一性障害
　　　政党助成法　　政党助成
　　　世界人権宣言　　人権宣言
　　　臓器の移植に関する法律　　臓器移植
　　　総合法律支援法　　法律支援
　　　相続税法　　相続税
　　　組織的な犯罪の処加及び犯罪収益の規制等に関する法律
組織犯罪
　　　租税特別措置法　　租特
　　　手形法　　手形

　　　た行
　　　大日本帝国憲法　　明憲（旧憲、帝憲）
　　　建物の区分所有等に関する法律　　区分所有
　　　短時間労働者の雇用管理の改善等に関する法律　　短時労
　　　担保附社債信託法　　担信
　　　知的財産基本法　　知財基
　　　知的障害者福祉法　　知的障害
　　　地方公務員法　　地公
　　　地方財政法　　地財

地方自治法　**自治（地自）**

地方税法　**地税**

地方独立行政法人法　**地独行法**

中間法人法　**中間法人**

仲裁法　**仲裁**

著作権法　**著作**

電子記録債権法　**電子債権**

電子消費者契約及び電子承諾通知に関する民法の特例に関する法律　**電子消費者契約**

電子署名及び認証業務に関する法律　**電子署名**

動産及び債権の譲渡の対抗要件に関する民法の特例等に関する法律　**動産債権譲渡**

道路交通法　**道交**

道路法　**道路**

特定債務等の調整の促進のための特定調停に関する法律　**特定調停**

特定産業廃棄物に起因する支障の除去等に関する特別措置法　**産廃除去**

特定商取引に関する法律　**特定商取引**

特定電気通信役務提供者の損害賠償責任の制限及び発信者情報の開示に関する法律　IPS 責任

特定非営利活動促進法　**非営利活動**

独立行政法人通則法　**行政法人**

都市計画法　**都計**

土地基本法　**土地基**

土地区画整理法　区画整理（土区）
　　　土地収用法　収用（土収）
　　　特許法　特許

　　な行
　　　内閣府設假法　内閣府
　　　内閣法　内閣
　　　日本国憲法　憲
　　　日本国憲法の改正手続に関する法律　憲改
　　　任意後見契約に関する法律　任意後見
　　　年齢計算ニ関スル法律　年齢計算
　　　農地法　農地

　　は行
　　　配偶者からの暴力の防止及び被害者の保護に関する法律
配偶者暴力
　　　破壊活動防止法　破防
　　　爆発物取締罰則　爆発物
　　　破産規則　破産規
　　　破産法　破産
　　　罰金等臨時措置法　罰金臨措
　　　犯罪捜査のための通信傍受に関する法律　通信傍受
　　　犯罪被害者等の権利利益の保護を図るための刑事手続に付随する措置　犯罪被害保護（犯被保護）
　　　非訟事件手続規則　非訟規

非訟事件手続法　非訟
人質による強要行為等の処罰に関する法律　人質
風俗営業等の規制及び業務の適正化等に関する法律　風営
不公正な取引方法　不公正告（不公正取引）
不正アクセス行為の禁止等に関する法律　不正アクセス
不正競争防止法　不正競争
不当景品類及び不当表示防止法　景表
不動産登記法　不登
文化財保護法　文化財
弁護士法　弁護士
法人及び公益財団法人の認定等に関する法律の施行に伴う関係法律の整備等に関する法律　一般法人整備
法人税法　法人税
法の適用に関する通則法　法適用
暴力行為等処罰ニ関スル法律　暴力処罰
保険業法　保険業
保険法　保険
母体保護法　母体保護

ま行

麻薬及び向精神薬取締法　麻薬
マンションの管理の適正化の推進に関する法律　マンション管理
マンションの建替えの円滑化等に関する法律　マンション建替

身元保証ニ関スル法律　身元保証
民事再生規則　民再規
民事再生法　民再
民事執行規則　民執規
民事執行法　民執
民事訴訟規則　民訴規
民事訴訟費用等に関する法律　民訴費
民事訴訟法　民訴
民事調停法　民調
民事法律扶助法　法律扶助
民事保全規則　民保規
民事保全法　民保
民法　民
民法施行法　民施

ら行

利息制限法　利息
領海及び接続水域に関する法律　領海
老人福祉法　老福
労働安全衛生法　労安
労働関係調整法　労調
労働基準法　労基
労働組合法　労組
労働契約法　労契
労働者災害補償保険法　労災

労働者派遣事業の適正な運営の確保及び派遣労働者の就業条件の整備等に関する法律　**労派遣**（労働派遣）

労働審判法　**労審**

Ⅴ 判例集、判例评论书刊的简称

以下的判例集、判例评论书刊的简称以法院和在市场中出售的判例资料中习惯使用的缩写为依据，原则上使用两个字来标注。简称中有"不同表述"的情形将以并列的方式呈现。另参见下文的第六节。

1 大审院时代的判例集等

(1) 公共刊物

行政裁判所判決録　　**行録**
大審院刑事判決抄録　　**刑抄録**
大審院刑事判決録　　**刑録**
大審院刑事判決録　　**刑録**
大審院刑事判例集　　**刑集**
大審院民事判決抄録　　**民抄録**

大審院民事判決録　**民録**

大審院民事判決録　**民録**

大審院民事判例集　**民集**

朝鮮高等法院判決録　**朝高録**

(2) 私人刊物

大審院裁判例（法律新聞別冊）　**裁判例**

大審院判決全集（法律新報付録）　**判決全集**

法律〔学説判例〕評論全集　**評論全集**

法律新聞（法律新聞社、明33（1号）～昭19（4922号））　**新聞**

2 最高法院时代的判例集等

(1) 公共刊物

下級裁判所刑事裁判例集　**下刑**

下級裁判所民事裁判例集　**下民**

家庭裁判月報　**家月**

行政裁判月報　**行月**

行政事件裁判例集　**行集**

刑事裁判月報　**刑月**

刑事裁判資料　**刑資**

交通事故による不法行為に関する下級裁判所民事裁判例集　**交通下民**

高等裁判所刑事裁判特報　**高刑特**

高等裁判所刑事判決特報　**判特**

高等裁判所刑事判決速報集　**高刑速**

高等裁判所刑事判例集　**高刑**

高等裁判所・地方裁判所・簡易裁判所民事裁判特報　**高地簡特**

高等裁判所民事判例集　**高民**

最高裁判所刑事判例集　**刑集**

最高裁判所裁判集刑事　**裁判集刑**

最高裁判所裁判集（刑事）要旨集　**最刑要旨**

最高裁判所・高等裁判所刑事判例要旨集（1～9）　**最高刑要旨**

最高裁判所・高等裁判所民事判例要旨集（1～9）　**最高民要旨**

最高裁判所裁判集民事　**裁判集民**

最高裁判所裁判集（民事）要旨集民法編（上）（下）、商法・民事訴訟法（上・下）、民事関連法編（上）（下）、行政法編（上）（下）、社会経済法編（上）（下）　**最民要旨**

最高裁判所民事判例集　**民集**

裁判所時報　**裁時**

第一審刑事裁判例集　**一審刑集**

知的財産権関係民事・行政裁判例集　**知財集**

知的財産裁判例集（裁判所 WEB 頁）

登記関係先例集　**登記先例**

東京高等裁判所判決時報（刑事）　**東高刑時報**

東京高等裁判所判決特報（刑事）　**東高刑特**

東京高等裁判所判決時報　**東高時報**

不法行為に関する下級裁判所民事裁判例集　**不法下民**

民事裁判資料　**民資**
無体財産関係民事・行政裁判例集　**無体集**
労働関係刑事事件判決集　**労刑決**
労働関係民事行政裁判資料　**労裁資**
労働関係民事裁判例集　**労民**
労働関係民事事件裁判集　**労裁集**

(2) 其他的政府机关刊物

公正取引委員会審決集　**審決集**
公正取引委員会排除命令集　**排命集**
高等裁判所刑事裁判速報　**高検速報**
国税徴収関係判例集　**国税例集**
審決取消訴訟判決集　**取消集**
訟務月報　**訟月**
推計の合理性に関する裁判例集成　**推計裁集**
税務訴訟資料　**税資**
直接国税課税判決要旨集　**直税要集**
不当労働行為事件命令集　**命令集**
民事月報　**民月**

Ⅵ 定期刊物的简称

以下的定期刊物的简称,系以《法律时报文献月报》为依据,原则上使用两个字来标注。不过,对于新出现的学会、杂志或者不流行的学会、杂志,建议使用正式名称而不是简称。下面标有星号(*)的是尚未确定具体简称的学会和期刊。

1 私人刊物

金融・商事判例（経済法令研究会）　**金判**

金融法務事情（金融財政事情研究会、平22「旬刊金融法務事情」から改題）　**金法**

交通事故民事裁判例集（ぎょうせい、昭43（1巻1号）～）　**交民**

判例時報（判例時報社）　**判時**

判例タイムズ（判例タイムズ社）　**判タ**

判例地方自治（ぎょうせい）　**判自**

判例秘書（LIC）　＊

法律新聞（新法律新聞社、昭 31（1 号）〜昭 33（112 号））：週刊法律新聞（法律新聞社、昭 41（1 号）〜）　**新聞**

労働経済判例速報（日本経営者団体連盟）　**労経速**

労働判例（産業労働調査所）　**労判**

2　学会雑誌

企業法学会「企業法研究」　**企法**

金融法学会「金融法研究」　**金融法**

憲法学会「憲法研究」　＊

国際法学会「国際法外交雑誌」　**国際**

国際私法学会「国際私法年報」　**国際私法**

全国憲法研究会「憲法問題」　**憲問**

租税法学会「租税法研究」　**租税**

著作権法学会「著作権研究」　**著研**

東京家庭裁判所家庭事件研究会「ケース研究」　**ケ研**

日仏法学会「日仏法学」　**日仏**

日米法学会「アメリカ法」　**米法**

日本医事法学会「年報医事法学」　**医事法**

日本家族〈社会と法〉法学会「家族〈社会と法〉」　**家族**

日本教育法学会「日本教育法学会年報」　**教法**

日本経済法学会「日本経済法学会年報」　**経法**

日本刑法学会「刑法雑誌」　**刑法**

日本工業所有権法学会「工業所有権法学会年報」　**工所法**

日本交通法学会「交通法研究」　交通

日本公証法学会「公証法学」　日公証法

日本公法学会「公法研究」　公法

日本国際経済法学会「日本国際経済法学会年報」　国経法

日本国際政治学会「国際政治」　際政

日本私法学会「私法」　私法

日本社会保障法学会「社会保障法」　社保

日本税法学会「税法学」　*

日本知財学会「日本知財学会誌」　*

日本地方自治学会「地方自治叢書」　*

日本中小企業学会「日本中小企業学会論集」　*

日本賠償科学会「賠償科学」　賠科

日本犯罪社会学会「犯罪社会学研究」　犯社

日本比較法学会「比較法研究」　比較

日本被害者学会「被害者学研究」　被害

日本不動産学会「日本不動産学会誌」　日不

日本法社会学会「法社会学」　法社

日本法哲学会「法哲学年報」　法哲

日本保険学会「保険学雑誌」　保雑

日本民主法律家協会「法と民主主義」　法民

日本民事訴訟学会「民事訴訟法雑誌」　民訴

日本労働法学会「日本労働法学会誌」　労働

農業法学会「農業法研究」　農法

ジェンダー法学会「ジェンダーと法」　*

比較法学会「比較法研究」　比較

法制史学会「法制史研究」　　法史

法とコンピュータ学会「法とコンピュータ」　　法コン

法と精神医療学会「法と精神医療」　　法精

民主主義科学者協会法律部会「法の科学」　　法科

民事訴訟法学会「民事訴訟雑誌」　　民訴

臨床法学教育学会「法曹教育と臨床法学」　　＊

信託法研究（信託法学会、年1）　　信研

③ 大学机关杂志（学报）

愛知学院大学「愛知学院大学論叢法学研究」　　愛学

愛知大学「愛知大学法学部法経論集」　　愛大

青山学院大学「青山法学論集」　　青法

朝日大学「朝日法学論集」　　朝日

亜細亜大学「亞細亞法学」　　亜大

愛媛大学「愛媛法学会雑誌」　　愛媛

大阪学院大学「大阪学院大学法学研究」　　阪学

大阪経済法科大学「大阪経済法科大学論集」　　阪経

法大阪市立大学「大阪市立大学法学雑誌」　　法雑

大阪大学「阪大法学」　　阪法

岡山大学「岡山大学法学会雑誌」　　岡法

沖縄大学「沖大法学」　　沖大

沖縄国際大学「沖縄法学」　　沖国

香川大学「香川法学」　　香川

鹿児島大学「法学論集」　　鹿法

神奈川大学「神奈川法学」　神奈
金沢大学「金沢法学」　金沢
学習院大学「学習院大学法学会雑誌」　学習院
関西大学「法学論集」　関法
関西学院大学「法と政治」　関学
関東学院大学「関東学院法学」　関東学院
関東学園大学「関東学園大学法学紀要」　関東学園
北九州市立大学（旧北九州大学）「北九州（市立）大学法政論集」　北九州
九州国際大学「九州国際大学法学論集」　九国
九州大学「法政研究」　法政
京都大学「法学論叢」　論叢
京都学園大学「京都学園法学」　京園
京都産業大学「産大法学」　産法
近畿大学「近畿大学法学」　近法
熊本大学「熊本法学」　熊法
久留米大学「久稲米大学法学」　久留米
慶應義塾大学「法学研究」　法研
神戸学院大学「神戸学院法学」　神院
神戸大学「神戸法学雑誌」　神戸
甲南大学「甲南法学」　甲法
國學院大学「國學院法学」　国学院
國士舘大学「國士舘法学」　國士舘
駒澤大学「法学論集」　駒論
札幌学院大学「札幌学院法学」　札院

札幌大学「札幌法学」　札大
静岡大学「静岡大学法政研究」　静法
島根大学「島大法学」　島法
上智大学「上智法学論集」　上法
駿河台大学「駿河台法学」　駿河台
成蹊大学「成蹊法学」　成蹊
成城大学「成城法学」　成城
西南学院大学「西南学院大学法学論集」　西南
清和大学「清和法学研究」　清和
摂南大学「摂南法学」　摂南
専修大学「専修法学論集」　専法
中央学院大学「中央学院大学法学論叢」　中央学院
中央大学「法学新報」　新報
　　　　　「比較法雑誌」（日本比較法研究所）　比雑
中京大学「中京法学」　中京
創価大学「創価法学」　創法
大東文化大学「大東法学」　大東
高岡法科大学「高岡法学」　高岡
拓殖大学「拓殖大学論集」　拓論
千葉大学「千葉大学法学論集」　千葉
筑波大学「筑波法政」　筑波
帝京大学「帝京法学」　帝京
東亜大学「東亜法学論叢」　東亜
桐蔭大学「桐蔭法学」　桐蔭
東海大学「東海法学」　東海

東京大学「法学協会雑誌」　法協
　　　　「国家学会雑誌」（国家学会）　国家
　　　　「社会科学研究」（社会科学研究所）　東社
東京都立大学「東京都立大学法学会雑誌」　都法
東北大学「法学」　法学
東北学院大学「東北学院大学論集」　東北学院
東洋大学「東洋法学」　洋法
同志社大学「同志社法学」　同法
獨協大学「獨協法学」　独協
名古屋学院大学「名古屋学院大学論集」　名学
名古屋経済大学「名経法学」　名経
名古屋大学「名古屋大学法政論集」　名法
奈良学園大学（旧奈良産業大学）「奈良法学会雑誌」
奈良法（産）
南山大学「南山法学」　南山
新潟大学「法政理論」　新潟
日本大学「日本法学」　日法
ノースアジア大学（旧秋田経済法科大学）「秋田法学」
秋田
白鷗大学「白鷗法学」　白鷗
一橋大学「一橋論叢」　一論
　　　　「一橋法学」　一法
姫路獨協大学「姫路法学」　姫路
広島大学「広島法学」　広法
広島修道大学「修道法学」　修道

福岡大学「福岡大学法学論後」　福法

福島大学「行政社会論集」　福島

福山平成大学「平成法学」　福山

平成法政大学「法学志林」　志林

北陸大学「北陸法学」　北陸

北海学園大学「北海学園大学法学研究」　北園

北海道大学「北大法学論集」　北法

松山大学「松山大学論集」　松山

宮崎産業経営大学「宮崎産業経営大学法学論集」　宮崎産

明治学院大学「明治学院論叢法学研究」　明学

明治大学「法律論叢」　法論

名城大学「名城法学」　名城

山梨学院大学「山梨学院大学法学論集」　山院

横浜国立大学「横浜国際経済法学」　横国

　　　　　　「横浜法学」　横法

立教大学「立教法学」　立教

立正大学「立正法学論集」　立正

立命館大学「立命館法学」　立命

琉球大学「琉大法学」　琉法

龍谷大学「彼谷法学」　龍谷

早稲田大学「早稲田法学」　早法

　　　　　「早稲田法学会誌」　早誌

　　　　　「早稲田大学法研論集」　早研

　　　　　「比較法学」（比較法研究所）　早比

4 法律杂志（政府机关、研究机构、法律类图书出版社及其他）

A.I.P.P.I.（国際工業所有権保護協会日本支部）　**AIPPI**

NBL（商事法務研究会）　**NBL**

外国の立法（国立国会図書館調査立法考査局）　**外法**

科学警察研究報告（科学警察研究所）　**科警**

季刊教育法（エイデル研究所）　**季教**

季刊行政管理研究（行政管理研究センター）　**季行**

季刊刑事弁護（現代人文社）　**刑弁**

季刊債権管理（金融財政事情研究会）　**債管**

季刊人事行政（日本人事行政研究所）　**季人**

季刊不動産研究（日本不動産研究所）　**不研**

行財政研究（行財政総合研究所）　**行財政**

季刊労働法（総合労働研究所）　**季労**

企業会計（中央経済社）　**企会**

銀行法務 21（経済法令研究会）　**銀法**

警察学論集（警察大学校）　**警論**

警察研究（良書普及会）　**警研**

刑政（矯正協会）　**刑政**

月刊監査役（日本監査役協会）　**監査**

月刊戸籍（ティハン）戸籍研修（法務省法務総合研究所）　**研修**

現代刑事法（現代法律出版）　**現刑**

公益法人（公益法人協会）　　**公益**

航空法務研究（航空法調査研究会）　　**空法**

公証（日本公証人連合会）　　**公証**

公正取引（公正取引協会）　　**公取**

更生保護（法務省保護局）　　**更生**

更生保護と犯罪予防（日本更生保護協会）　　**更犯**

国際商事法務（国際商事法研究所）　　**際商**

国立国会図書館月報（国立国会図書館）　　**図月**

戸籍時報（日本加除出版）　　**戸時**

コピライト（著作権情報センター）　　**コピ**

自治研究（良書普及会）　　**自研**

自治実務セミナー（良杏普及会）　　**自セ**

自由と正義（日本弁護士連合会）　　**自正**

受験新報（法学書院）　　**受新**

シュトイエル（税法研究所）　　**シュト**

ジュリスト（有斐閣）　　**ジュリ**

司法研修所論集（最高裁判所司法研修所）　　**司研**

訟務月報（法務省訟務局）　　**訟月**

旬刊金融法務事情（金融財政事情研究会）　　**金法旬刊**

商事法務（商事法務研究会）　　**商事**

書研所報（裁判所書記官研修所）　　**書研**

信託（信託協会）　　**信託**

新聞研究（日本新聞協会）　　**新研**

人権のひろば（「人権通信」を改題。全国人権擁護協力会）　　**人権**

人事院月報（人事院管理局）　人月
生命保険協会会報（生命保険協会）　生保
税務弘報（中央経済社）　税弘
税法学（税法研究所）　税法
税理（ぎょうせい）　税理
損害保険研究（損害保険事業総合研究所）　損保
知財管理（日本知的財産協会）　知管
地方自治職員研修（公務職員研修協会）　職研
中央労働時報（労委協会）　中労時
調研紀要（最高裁判所家庭裁判所調査官研修所）　調研
賃金と社会保障（旬報社）　賃社
罪と罰（日本刑事政策研究会）　罪罰
登記インターネット（民事法情報センター）　登記イン
登記研究（ティハン）　登研
登記情報（金融財政事情研究会）　登情
時の法令（大蔵省印刷局）　時法
特許研究（発明協会）　特研
都市問題（東京市政調査会）　都問
都市問題研究（都市問題研究会）　都研
特許管理（日本特許協会）　特許
日本労働研究雑誌（日本労働研究機構）　労研
パテント（弁理士会）　パテ
犯罪と非行（青少年更正福祉センター）　犯非
不動産鑑定（住宅新報社）　鑑定
不動産法律セミナー（東京法経学院出版）　不セ

法学教室（有斐閣）　**法教**
法学セミナー（日本評論社）　**法セ**
法曹（法曹会）　**法曹**
法曹時報（法曹会）　**曹時**
法の科学（民主主義科学者協会法律部会）　**法科**
法律時報（日本評論社）　**法時**
法律のひろば（ぎょうせい）　**ひろば**
法令解説資料総覧（第一法規）　**法資**
みんけん（民事研修・誌友会）　**民研**
民商法雑誌（有斐閣）　**民商**
民事月報（法務省民事局）　**民月**
民事法情報（民事法情報センター）　**民情**
立法と調査（参議院事務局企画調整室）　**立調**
レファレンス（国立国会図書館調査立法考査局）　**レファ**
労働経済判例速報（日本経営者団体連盟）　**労経速**
労働法律旬報（旬報社）　**労旬**

Ⅶ 法律以外之文献的引用方法

1 社会科学类的一般原则

（早稻田大学公共管理研究生院）

在法律以外的社会科学领域，如经济学和政治学，文献的引用方法也与法律学科不同。一般来说，它们都采用 Bluebook 的引用方法。下面我们来介绍一下早稻田大学公共管理研究生院的引用方法，该学院的学习指南对引用方法做了具体说明①。

【关于注释】

"如果需要标注所引用之文献的出处，或者添加一些不足以放在正文中但是值得记录的陈述，务必在相应的地方添加注释。

另外，请根据指导教师的指示，决定是将注释设置在页面末尾作为文末脚注，还是插入到各章的最后。在参考文献列表

---

① https://www.waseda.jp/fpse/gspm/assets/uploads/2016/10/12d75a86a62b49f31f912cf2e35ebf83.pdf

中,需要明确说明引用的是哪个文献的哪个部分。

・日文文献・书籍的场合…姓名(年)『书籍标题』出版社、页码。

金子元久(2007)『大学の教育カー何を教え、学ぶか』筑摩書房、pp.50-51。

・日文文献・纪要、论文集等の场合…姓名(年)「论文标题」『书籍标题』号数、出版社、页码。

金子元久（2000）「大学評価のポリティカル・エコノミー」『高等教育研究』第3号日本高等教育学会編、p.100。

・海外文献・书籍的场合…姓名(年)书籍标题(斜体)、出版地：出版社、页码。

Geiger, R. L.(1993) *Research and Relevant Knowledge: American Research Universities since World War II*, New York: Oxford University Press, p. 210.

・海外文献・论文集(共著)的场合…姓名(年)'论文标题'、书籍标题(斜体)号数：页码。

Davis, D. E. and Astin, H. S.(1987)'Reputation Standing in academe', *Journal of Higher Education* 58(3): pp 261-275.

※"58(3)"和"Vol.58.No.3"同义。但是在标注注释时,应将其统一为其中之一种形式

※如果引文超过一页,请使用"pp"指定范围

・新闻报道的场合…「报道名称」『新闻名称』新闻社名称、页码。

「早稲田大読書室、新宿区民に開放、4月から」『日本経済新聞』2002年10月10日朝刊、p.15。

・网页的场合…「报道名称」『网页名称』URL(阅览日)

「全入時代大学もマニフェスト示せ『早稲田のゴーン』関元副総長語る」『asahi.com』http://www.asahi.com/ edu/university/zennyu/TKY200705290236.html(閲覧日 2007/12/03)。"

2 人文类

在人文学科中,似乎没有特别的关于文献引用方法的规定。文献引用方法会因所属学会而有所不同。但在举办国际学术会议、国内学术会议或大型研究会时,关于事前报告论集和事后杂志刊登中文献引用形式的问题,按照广岛大学名誉教授落合俊郎(残疾儿童教育学)的观点,虽然可以遵循所属学会的通常做法,但为了实现文献引用形式的统一,还是建议按照以下指南来标注文献。

【文献标注的方法(请遵循以下要点)】

·引用文献时,应在正文中的"右肩"位置标注编号,并在章节末尾按照编号进行相应的介绍。

·参考文献按人名的字母顺序排列在章节末尾。

·文献标注方法应遵循以下顺序和内容:

〔作者名〕〔发刊年〕〔书名〕〔出版社〕〔相关页码:仅在必要的场合〕

*由于文献类型包括和文文献、欧文文献(以及其翻译作品)、单行本、杂志、学术杂志等多种形式,因此请按照上述原则标注文献,并与出版方确认和统一。

*为避免章末注释过多,建议在正文中仅标注引用编号,而在章末则提供文献编号以及〔作者名〕〔发刊年〕〔书名〕〔出版社〕的信息。

第六编

资料2 与学位授予相关的规则

Ⅰ 学校教育法(第九章抄录)

(昭和二十二年法律第二十六号)最终改正令和元年法律44号
〈(抄)第9章 与"大学"相关之规定〉
第九章 大学(第八十三条—第一百十四条)

第八十三条 大学作为学术的中心,其目的在于广泛传授知识,进行深入而专业的学术教学和研究,并发展学生的智力、道德和应用能力。

2 大学将为实现这一目标而开展教育研究工作,并通过广泛地向社会提供其工作成果,为社会的发展作出贡献。

第八十三条之二 前条规定的大学中,旨在进行深入而专业的学术教学和研究,并培养适合从事专业性职业所需的实践性和应用性能力的大学,乃专职大学。

2 专职大学应按照文部科学大臣的规定,与从事该专业性职业的人员、开展与此类职业相关之业务的人员以及其他有关人员合作,编排和实施教育课程,并致力于提高教师的资质。

3 专职大学不得开设第八十七条第二款规定的课程。

第八十四条 大学可提供函授教育。

第八十五条 大学通常应设有本科。但是,如果本科以外的教育研究方面的基本组织对实现该大学教育研究上之目的有益且适切,那么该大学可以设立该组织。

第八十六条 大学可以设立在夜间教学的学部或者以函授形式教学的学部。

第八十七条 大学的修学年限为四年。但是,对于专门教授和研究特殊专业课程的学部以及前条规定的在夜间教学的学部,其修学年限可以超过四年。

2 尽管有前款规定,以培养临床实践技能为主要目的的医学课程、牙医学课程、药学课程或兽医学课程的修学年限为六年。

第八十七条之二 专职大学的课程应区分为两年制的前期课程和两年制的后期课程,或者三年制的前期课程和一年制的后期课程(对于前条第一款但书规定的修学年限超过四年的学部,应区分为两年制的前期课程和超过两年制的后期课程,或者三年制的前期课程和超过一年制的后期课程)。

2 专职大学的前期课程的教育旨在实现第八十三条之二第一款规定的目的之一,即培养适合从事专业性职业所需的实践性和应用性能力。

3 专职大学的后期课程的教育在前期课程教育的基础上,旨在实现第八十三条之二第一款规定的目的。

4 根据第一款之规定,区分前期课程和后期课程的专职大学的课程中,须在完成相应的前期课程之后,方可进一步学习后期课程。

第八十八条　当一位非大学生在某大学修得一定学分后入学该大学时,如果通过该学分的修得,其已经完成了该大学教育课程的一部分,且这一情况得到认可,那么根据文部科学大臣的规定,大学在考虑其所修得的学分及其他事项后确定的时间可以计入大学规定的修学年限。但该计入的年限不得超过该大学修学年限的二分之一。

　　第八十八条之二　当一位通过从事要求专业性的职业实践经验来获得实践能力的人希望进入专职大学等[专职大学或者以第一百零八条第四款规定之目的为目的的大学(在第一百零四条第五款和第六款中被称为"专职短期大学")。下同。]时,如果通过该实践能力的修得,其已经完成了该专职大学教育课程的一部分,且这一情况得到认可,那么根据文部科学大臣的规定,大学在考虑其所获得的实践能力水平及其他事项考虑后确定的时间可以计入修学年限。但该计入的年限不得超过专职大学等修学年限的二分之一,且不得超过文部科学大臣所规定的年限。

　　第八十九条　大学应根据文部科学大臣的规定,允许该大学的学生(不包括第八十七条第二款规定的课程的在读学生)在该大学就读满三年(根据同条第一款但书之规定,对于修学年限超过四年的学部的学生,至少需要就读三年以上,其就读期间由文部科学大臣规定)以上(包括符合文部科学大臣规定的同等条件的学生)。如果一位在该大学就读了三年以上的学生,以卓越的成绩修得了该大学规定的作为毕业条件的学分,即使不符合同款规定,大学仍可以认定其满足毕业条件。

　　第九十条　能够入读大学的人员,包括毕业于高等学校或者中等教育学校者、完成了十二年的正常课程学校教育者（包括完成了正常课程之外的课程但相当于正常课程的学校教育者）、根据文部科学大臣的规定被认定为具有同等以上学历者。

2　尽管有前款规定，符合以下各项条件的大学，可以根据文部科学大臣的规定，招录高等学校就读年限在文部科学大臣规定的年限以上且被认为是在该大学规定的领域具有特别优秀素质者（包括根据文部科学大臣的规定被认定为具有同等以上学历者）入读该大学。

一　设置有开展相关领域的教育研究的研究生院。

二　具备教育研究方面的卓越成绩和指导体系，适合培养具备该领域特别优秀素质者。

第九十一条　大学可以设立专攻科和别科。

2　大学的专攻科，是旨在以精深的程度向大学毕业生或者根据文部科学大臣的规定被认定为具有同等以上学力者教授特别事项和指导其研究的课程，其修学年限为一年以上。

3　大学的别科，是旨在以简易的程度向前条第一款规定的有入学资格的人提供特定技能教育的课程，其修学年限为一年以上。

第九十二条　大学须设立校长、教授、副教授、助理教授、助手和行政人员。但是，如果认为大学作为教育研究的组织架构是适当的，则可以不设副教授、助理教授或助手。

2　除前款规定的工作人员外，大学可以设立副校长、学部长、讲师、技术人员和其他必要的工作人员。

3　校长负责学校事务，并监督大学的教职员工。

4　副校长协助校长工作，并根据校长的命令负责学校事务。

5 学部长负责学部事务。

6 教授是在专业领域的教育、研究或实践方面具有特别杰出的知识、能力和成就之人,为学生授课、指导其研究,并从事研究工作。

7 副教授是在其专业领域的教育、研究或实践方面具有杰出的知识、能力和成就之人,为学生授课、指导其研究,并从事研究工作。

8 助理教授是在其专业领域的教育、研究或实践方面具有知识和能力之人,为学生授课、指导其研究,并从事研究工作。

9 助手从事其所属机构顺利开展教育研究工作所需的工作。

10 讲师从事相当于教授或副教授的工作。

第九十三条 大学设置教授会。

2 教授会在校长进行下列决定时提出意见:

一 学生的入学、毕业和课程的完成;

二 学位的授予;

三 除前两项外,校长确定的需要听取教授会意见与教育研究相关的重要事项。

3 除前款规定的事项外,教授会还可以对校长、学部长及其他教授会设立的组织的负责人(以下在本款中称为"校长等")负责的事项与教育研究相关的事项进行审议,并根据校长等的要求提出意见。

4 副教授等其他工作人员可以加入教授会。

第九十四条 就大学制定第三条规定之设置基准的场合,以及制定第四条第五款规定之基准的场合,文部科学大臣须向审议会等征询以政令形式规定之事项的意见。

第九十五条 在许可设立大学的场合,以及根据第四条第三款、第十五条第二款或第三款之规定对大学发布命令或者根据同条第一款的规定对大学提出劝告的场合,文部科学大臣须向审议会等征询以政令形式规定之事项的意见。

第九十六条 大学可以设立研究所和其他附属研究设施。

第九十七条 大学可以设立研究生院。

第九十八条 公立或私立大学由文部科学大臣管辖。

第九十九条 研究生院的办学宗旨是<u>进行学术理论和应用的教学与研究</u>,探索其深奥性,为从事专业性要求较高的职业培养深厚的学识和卓越的能力,并为文化的进步做出贡献。

2 <u>专职研究生院是以从事学术理论和应用的教学与研究</u>,以及为从事专业性要求较高的职业培养深厚的学识和卓越的<u>能力</u>为办学宗旨的研究生院。

3 专职研究生院应根据文部科学大臣的规定,与从事需要高度专业性职业的人员、开展与此类职业相关之业务的人员以及其他有关人员合作,编排和实施教育课程,并致力于提高教师的资质。

第一百条 应形成设立大学的同时设立研究科的惯例。但是,如果设立除研究科以外的其他教育研究基本组织在实现该大学的教育研究目的方面是有益且适当的,那么就可以根据文部科学大臣的规定,设立除研究科以外的其他教育研究基本组织。

第一百零一条 设有研究生院的大学,可以设立在夜间教学的研究科或者以函授形式教学的研究科。

第一百零二条 具有研究生院入学资格者,应为第八十三条规定的大学毕业生,或者文部科学大臣规定的被认定具有同等以上学力者。但是,当研究科的教育研究工作需要时,与该研究科相关的入学资格可设定为拥有修士学位者,或者拥有第一百零四条第三款规定的文部科学大臣规定之学位者,或者根据文部科学大臣规定的规定,被认定为具有同等以上学力者。

2 尽管有前款本文之规定,设立了研究生院的大学仍可按照文部科学大臣的规定,招收在第八十三条规定之大学就读年限超过文部科学大臣规定之年限(包括文部科学大臣规定的与此相当者),且被认定为以卓越的成绩修得了该设立了研究生院的大学指定学分者(包括根据文部科学大臣根据学分修得情况及与此相当之情况所规定的被认定为具备同等以上能力和素质者)。

第一百零三条 在教育研究方面有特殊需要的场合,尽管有第八十五条的规定,仍可以设立未设置本科的研究生院,并将其视为大学。

第一百零四条 大学(专职大学以及第一百零八条第二款规定的大学(在本条中以下简称"短期大学")除外。以下本款以及第七款作相同理解。)根据文部科学大臣的规定,对大学的毕业生授予学士学位。

2 专职大学根据文部科学大臣的规定,对专职大学的毕业生(如果专职大学根据第八十七条之二第一款的规定将其课程分为前期课程和后期课程,那么就包括已经完成前期课程者)授予由文部科学大臣规定的学位。

3 设有研究生院的大学根据文部科学大臣的规定,对完成研究生院(专职大学除外。)课程者授予修士或者博士学位、对完成专职研究生院课程者授予由文部科学大臣规定的学位。

4 设有研究生院的大学可以根据文部科学大臣的规定,对被认为具有前款规定的被授予博士学位者同等以上学力者授予博士学位。

5 短期大学(专职短期大学除外。以下本款作相同理解。)根据文部科学大臣的规定,对从短期大学毕业者授予短期大学士学位。

6 专职短期大学根据文部科学大臣的规定,向从专职短期大学毕业者授予由文部科学大臣规定的学位。

7 独立行政法人大学改革支援与学位授予机构根据文部科学大臣的规定,向下列各项所列人员授予各项规定的学位:

一 从短期大学(包括专职大学的前期课程)、高等专职学校毕业者(在专职大学的前期课程的场合,则是完成了该课程的人员)或者与此相当者,在大学取得了一定的学分或者完成了文部科学大臣规定的与之相当的学习,且被认为具有与大学毕业生同等以上学力者学士。

二 在学校以外的提供与学校教育类似之教育的教育机构完成了相应的课程的人员,其中,其他法律须对此类课程有特别规定,且教育机构提供的教育被认为与大学或研究生院提供的教育等同学士、修士或者博士。

8 在决定有关学位的事项时,文部科学大臣须向审议会等征询第九十四条规定的以政令形式规定之事项的意见。

第一百零五条 大学可以根据文部科学大臣的规定,编排以该大学之学生以外的人员为对象的特别课程,并为完成了此类课程的人员颁发结业证书。

第一百零六条 大学可以将名誉教授的称号授予给曾经在

该大学担任过校长、副校长、学部长、教授、副教授或讲师且在教育或者学术方面做出过特别杰出之贡献的人员。

第一百零七条　大学可以设立公开讲座的设施。

2　有关公开讲座的必要事项由文部科学大臣规定。

第一百零八条　大学可以不以第八十三条第一款规定的目的为其主要目的，而代之以深入而专业的学术教学和研究，并培养职业或者实际生活所必要的能力为其主要目的。

2　尽管有第八十七条第一款之规定，以前款规定之目的为目的的大学，可以将其修学年限设定为二年或者三年。

3　前款之大学，称为短期大学。

4　在第二款规定的大学中，目的在于进行深入而专业的学术教学和研究并培养适合从事专业性职业所需的实践性和应用性能力的大学，乃专职短期大学。

5　第八十三条之二第二款的规定，准用于前款规定的大学。

6　尽管有第八十五条和第八十六条的规定，第二款规定的大学不设立学部。

7　第二款规定的大学应设有科系。

8　第二款规定的大学可以设立在夜间教学的科系或者以函授形式教学的科系。

9　从第二款规定的大学毕业的人员可以根据文部科学大臣的规定，转学进入第八十三条规定的大学。

10　第九十七条之规定，不适用于第二款规定的大学。

第一百零九条　大学为了提高其教育研究水平，应按照文部科学大臣的规定，自行对其教育研究、组织管理、设施设备（下一款以及第五款中称为"教育研究等"）的状况进行检查和评估,并公布其结果。

2 大学除应采取前款规定的措施之外,还应在政令规定的期间内,接受由文部科学大臣认证的机构(以下称作"认证评估机构")对其教育研究等综合情况进行评估(以下称作"认证评估")。但是,在不存在认证评估机构的场合或者存在其他特殊原因的场合,如果该大学采取了文部科学大臣规定的措施,则不在此限。

3 专职大学等或者设有专职研究生院的大学,除前款规定的内容外,还应根据该专职大学等或者专职研究生院的设立目的,在政令规定的期间内,就该专职大学等或者专职研究生院的教育课程、教师组织及其他教育研究活动状况,接受认证评估。但是,在不存在就与该专职大学等或者专职研究生院的课程相关的领域进行认证评估的认证评估机构的场合或者存在其他特殊原因的场合,如果该专职大学等或者专职研究生院采取了文部科学大臣规定的措施,则不在此限。

4 前两款规定的认证评估应根据大学的要求,按照大学评估基准(指前两款规定的认证评估机构为了进行认证评估而规定的标准。在本条及下一条文中作相同理解。)进行。

5 在第二款及第三款规定的认证评估中,应就各个作为认证评估对象的教育研究等状况(指第二款规定的大学的教育研究等的综合状况以及第三款规定的专职大学等或者专职研究生院的教育课程、教师组织及其他教育研究活动的状况。下一款以及第七款作相同理解。)是否符合大学评估基准进行认定。

6 大学应努力提高其教育研究水平,使其在教育研究状况等方面符合大学评估基准,以获得认证评估机构的认定(在下一款中称作"合理认定")。

7 当一所大学的教育研究等状况未获得合理认定时,文部科学大臣应要求该大学就其教育研究等状况进行报告或者提交材料。

第一百一十条 欲成为认证评估机构者,可以根据文部科学大臣的规定,通过提交申请的形式由文部科学大臣予以认证。

2 当根据前款规定提交的认证申请符合以下各项条件时,文部科学大臣应就其申请予以认证:

一 大学评估基准以及评估方法足以适切地进行认证评估。

二 拥有必要的制度以确保认证评估公正且适切地实施。

三 在采取第四款规定的措施(同款中规定的通知除外)之前,大学有机会就认证评估的结果发表意见。

四 申请人须是具备确保认证评估能够公正且适切地实施的必要财政基础的法人(包括不具有法人资格但有指定的代表人或管理人的社团或者财团)。

五 申请人不是根据下一条第二款的规定被撤销认证且自撤销之日起未满二年的法人。

六 不存在妨碍公正且适切地实施评估认证的其他风险。

3 适用前款规定之基准时所需要的细则,由文部科学大臣规定。

4 认证评估机构在进行认证评估时,须及时将评估结果通知大学,并按照文部科学大臣的规定,将该结果公布,向文部科学大臣报告。

5 在认证机构拟变更大学评估基准、评估方法或文部科学大臣规定的其他事项时,或者在认证机构拟中止或终止全部或部分认证评估业务时,须事先通知文部科学大臣。

6 文部科学大臣对认证评估机构进行认证或者根据前款规定发出通知时,须在官方公报上发布相关公告。

第一百一十一条 当文部科学大臣认为认证评估机构具有无法确保认证评估公正且适切地实施的风险时,文部科学大臣可以要求认证评价机构提交必要的报告或材料。

2 当认证评估机构没有回应前款规定的要求,或者提交虚假的报告或材料,或者认证评估机构不再符合前条第二款和第三款的规定,或者存在其他严重妨碍认证评估公正且适切地实施的事由时,文部科学大臣可以要求该认证评估机构承担改善上述情况的义务,以及当该认证评估机构无法按照上述要求予以改善时,文部科学大臣可以撤销其认证。

3 当文部科学大臣根据前款规定撤销认证评估机构的认证时,须在官方公报上发布相关公告。

第一百一十二条 在以下场合,文部科学大臣须向审议会等征询第九十四条规定的以政令形式规定之事项的意见:

一 当对认证评估机构予以认证时。

二 当制定第一百一十条第三款规定的细则时。

三 当撤销认证评估机构的认证时。

第一百一十三条 大学应公布其教育研究活动的情况,以促进其教育研究活动成果的普及和利用。

第一百一十四条 第三十七条第十四款和第六十条第六款的规定,准用于大学。

Ⅱ 学位规则(文部科学省令)

(昭和二十八年文部省令第九号)最终改正平成二八年四月一日文部科学省令第二三号

基于学校教育法(昭和二十二年法律第二十六号)第六十八条第一款之规定,制定如下学位规则。

目次

第一章　总则(第一条)

第二章　大学的学位授予(第二条—第五条之三)

第三章　短期大学的学位授予(第五条之四)

第四章　独立行政法人大学改革支援与学位授予机构的学位授予(第六条、第七条)

第五章　杂则(第八条—第十三条)

附则

第一章　总则
（宗旨）

第一条　就大学或者独立行政法人大学改革支援与学位授予机构根据学校教育法（昭和二十二年法律第二十六号。以下称作"法"）第一百零四条第一款至第七款之规定授予之学位，由本省令管辖。

第二章　大学的学位授予
（授予学士学位的要件）

第二条　法第一百零四条第一款规定的学士学位应由大学（短期大学除外。第十条、第十条之二、第十一条以及第十三条除外，下同）授予从该大学毕业的人员。

（授予修士学位的要件）

第三条　法第一百零四条第一款规定的修士学位应由设有研究生院的大学授予给<u>完成了该研究生院的修士课程的人员</u>。

2　根据《研究生院设立基准》（昭和四十九年文部省令第二十八号）第四条第三款的规定，<u>修读不区分前期课程和后期课程的博士课程，并达到了《研究生院设置标准》第十六条和第十六条之二规定的修士课程结业要求的人员</u>，也可以授予前款规定的修士学位。

（授予博士学位的要件）

第四条　法第一百零四条第一款规定的博士学位应由设有研究生院的大学授予给<u>完成了该研究生院的博士课程的人员</u>。

2　前款规定的大学可以将法第一百零四条第一款规定的博士学位授予给<u>根据该大学的规定通过了研究生院举行的博士论

文审查且被确认具有与完成了该研究生院的博士课程的人员同等以上学力的人员。

(学位授予审查方面的协作)

第五条 在对前两条规定之学位的授予进行审查时,可以寻求其他研究生院或研究所等的教师和其他人员的合作。

(对完成了专职研究生院的课程的人员授予的学位)

第五条之二 法第一百零四条第二款规定的由文部科学大臣规定的学位,根据下表的上栏所列分类以及同表的下栏所列方式进行,这些学位被视为专职学位。

类 别	学 位
对完成了专职研究生院的课程(下一款以下的课程除外)的人员授予的学位	修士(专职)
对完成了《专职研究生院设立基准》(平成十五年文部科学省令第十六号)第十八条第一款规定的法学研究生院的课程的人员授予的学位	法务博士(专职)
对完成了《专职研究生院设立基准》第二十六条第一款规定的教职研究生院的课程的人员授予的学位	教职修士(专职)

(授予专职学位的要件)

第五条之三 法第一百零四条第一款规定的前条的专职学位应由设有专职研究生院的大学授予给完成了该专职研究生院的课程的人员。

第三章 短期大学的学位授予

(授予短期大学士学位的要件)

第五条之四 法第一百零四条第三款规定的短期大学士学位应由短期大学授予从该短期大学毕业的人员。

第四章　独立行政法人大学改革支援
与学位授予机构的学位授予
（授予学士、修士以及博士学位的要件）

第六条　法第一百零四条第四款规定的对在同款第一项列出的人员授予的学士学位应根据独立行政法人大学改革支援与学位授予机构的规定，授予从短期大学或高等专职学校毕业的人员，或者符合以下所列任何一项条件、在大学中取得了一定的《大学设立基准》（昭和三十一年文部省令第二十八号）第三十一条第一款规定的学分的或者学习了短期大学或高等专职学校设置的专攻科中满足独立行政法人大学改革支援与学位授予机构规定之要件的课程或者学习了其他文部科学大臣另行规定之课程且通过了独立行政法人大学改革支援与学位授予机构的审查的人员。

一　在大学学习的期间为两年以上且获得六十二个学分以上的人员。

二　完成了高等学校（包括中等教育学校的后期课程以及特殊支援学校的高等部）的专攻科的课程且根据法第五十八条之二的规定可以转学进入大学的人员。

三　完成了专修学校的专业课程且根据法第一百三十二条的规定可以转学进入大学的人员。

四　在外国完成了十四年的学校教育的人员。

五　文部科学大臣另行规定的其他具有与前几项所列人员同等以上学力的人员。

2　法第一百零四条第四款规定的对在同款第二项列出的人员授予的学士、修士和博士学位应根据独立行政法人大学改革支援与学位授予机构的规定,授予给完成了同项规定的教育机构开设的经独立行政法人大学改革支援与学位授予机构认定实施了与大学的学部、研究生院的修士课程或者研究生院的博士课程相当之教育的各项课程,且通过了独立行政法人大学改革支援与学位授予机构的审查的人员。

(参与审查学位授予)

第七条 在对前条规定之学位的授予进行审查时,应邀请大学的教师等中拥有高度学识的人员参与。

第五章 杂则

(论文摘要等的公布)

第八条 在授予博士学位的场合,大学和独立行政法人大学改革支援与学位授予机构应在该博士学位的授予之日起三个月内,通过互联网公布与博士学位授予有关的论文内容摘要和论文审查结果摘要。

第九条 获得博士学位的人员应在获得博士学位后一年内公开与获得博士学位有关之论文的全文。但是,在该博士学位被授予之前论文已经发表的场合,则不在此限。

2 尽管有上款的规定,如果已被授予博士学位的人员具有不得已的事由,那么经授予该博士学位的大学或者独立行政法人大学改革支援与学位授予机构的批准,该人员可以只公开与授予该博士学位有关的论文内容摘要,而不是与授予该博士学位有关的论文全文。于此场合,该大学或者独立行政法人大学改革支援与学位授予机构应对提供该论文全文的申请做出回应,以供其阅览。

3 被授予博士学位的人员应与授予该博士学位的大学或者

独立行政法人大学改革支援与学位授予机构协作,通过互联网进行公开。

(专攻领域的名称)

第十条　在授予学位时,大学和独立行政法人大学改革支援与学位授予机构应附注适切的专攻领域的名称。

(与联合教育课程相关的学位授予方法)

第十条之二　对完成了《大学设立基准》第四十三条第一款、《专职大学设立基准》(平成二十九年文部科学省令第三十三号)第五十五条第一款、《研究生院设立基准》第三十一条第二款、《短期大学设立基准》(昭和五十年文部省令第二十一号)第三十六条第一款、《专职短期大学设立基准》(平成二十九年文部科学省令第三十四号)第五十二条第一款或者《专职研究生院设立基准》第三十二条第二款规定之联合教育课程的人员授予学位的,应由组织此类联合课程的大学联名授予。

(学位的名称)

第十一条　当使用学位的名称时,被授予学位的人员应附注授予其学位的大学或独立行政法人大学改革支援与学位授予机构的名称。

(学位授予的报告)

第十二条　大学或独立行政法人大学改革支援与学位授予机构在授予博士学位后,应在该学位授予之日起三个月内,分别按照附录格式一或者附录格式二的形式向文部科学大臣提交《学位授予报告书》。

(学位规程)

第十四条　为了处理与学位有关的事项,大学应规定论文审查的方法、考试以及学力认定的方法等与学位有关的必要事项,并向文部科学大臣报告。

2　独立行政法人大学改革支援与学位授予机构应规定第六条规定的与授予学位有关的要件和审查方法等与学位有关的必要事项,并在向文部科学大臣报告的同时,在政府公报上予以公布。

附　则(略)

Q&A·代读者问与近江教授的解答

Q&A 1

问:近江教授,您能谈谈自己阅读参考文献的经验吗?例如,在阅读参考文献的过程中,您是如何克服"读过就忘"的问题的?在对不同国家的法律制度进行比较研究时,可供参考的文献可能会堆积如山,而阅读这些参考文献会耗费大量的时间,您觉得有必要限制阅读参考文献的时间吗?如果您觉得有必要,我们应该如何安排阅读参考文献的时间呢?

答:我认为,你在撰写学术论文的过程中阅读的参考文献只应与你的研究课题(或个别问题)相关,而不是阅读整本书。因此,如果你觉得重要,可以简要地记下论点和来源(标题、页码和出版年份),并务必将其记录在论文的相关章节(逐章逐节)中。

你可以将其写入 Microsoft Word 或 Text 中,甚至写入 Explorer 的每个文件夹中。这样,你就不会忘记"阅读过的文献"。要言之,你的笔记很重要,这样你以后就可以随时查阅。

这同样适用于有关外国法律制度的文献。然而,中国学者在引用外国论文时经常出现的情况是,所引用的参考文献并不总是客观的。有必要弄清楚"谁首先提出了这一观点"(Originality)。

就此而言,即使是需要阅读大量的文献也并不困难,从而也没有必要限制阅读的时间了。

Q&A 2

问:您认为我们应该如何理解学术论文或者学位论文所要求的"创造性"标准?学术论文或者学位论文写作(尤其是就某一法律制度或者法律条文进行教义学分析的学术论文写作)所要求的"创造性"标准,与包括民法在内的各个部门法所追求的法的安定性价值之间是否有些矛盾?

答:"创造性"是指论证具有内在的学术价值(原创性),这与法的安定性并不矛盾。这个问题与我们研究法学的初衷密切相关。法学研究是社会科学(政治学、法学、社会学等)的一个分支,而社会科学与自然科学的目标都是"社会稳定和经济发展"(其最终目标是"人类的福祉")。

然而,自然科学的真理只有一个,而社会科学的真理却有多个[没有人知道哪种思想能稳定社会、发展经济,因此有多少学者(倡导者)就有多少种理论]。即使在法学中,也有学者为稳定社会和发展经济而提出的具体论点(创造性论点和诠释学论点)。在此意义上,"创造性"标准与诸法律制度所追求的法的安定性价值之间从来就不存在矛盾。

Q&A 3

问:您认为将来以从事学术研究为目标的硕士研究生、博士生研究生在求学期间应该养成什么样的写作习惯?

答:我相信,立志成为研究者的学生们完全有能力提出无穷无尽的假说。然而,仅凭这一点,并不能使其完成一篇真正意义上的学术论文。论文要有明确的研究目标和整体结构。这就是为什么我总是嘱咐我的学生要随身携带笔和记事本,哪怕只有几个想法,也要马上记下来(即使是在公交车或火车上)。

如果你不断思考如何将这些想法(或者笔记)转化为学术论文,你自然就会在心中形成论文的整体结构。在完成初稿后,论文还需要反复地阅读和修改,这是很常见的。定稿是在这一不断反复阅读和修改的过程中产生的你最满意的作品。

Q&A 4

问:目前,数据和个人信息的保护、人工智能的适法利用等是中国学术研究的热点问题。对于人工智能时代的到来,您认为民法的解释学研究应该如何因应?

答:一方面,《民法典》是一部成文法,它以一段历史为背景,明确规定了这一时期的权利和义务。另一方面,社会在不断地发展,新的法律问题也层出不穷。这意味着,民法典构建的理想社会与我们所处的现实社会之间难免会有龃龉之处,而使《民法典》能够最大限度地包容现实社会中发生的各种问题,并就这些问题作出公平的处理,是民法解释学的关键任务。

解释学的关键是正确把握民法中的权利和义务,然后分析新现象,并将其分解为民法中的权利和义务关系进行仔细研究。从这一意义上来说,重要的是要从民法的角度就新现象进行分析,而不是一味地追随热点。

Q&A 5

问：您认为最高法院的判例在学说的证立过程中处于何种地位？最高法院的判例是否可以作为"强有力"的论据来支持自己的假说或者反驳他人的假说？如果提出的假说与最高法院的裁判观点截然相反，这是否意味着这一假说只是"理想主义"，而缺乏实际意义？

答：实际上，判例也只是一种学说而已。但是，因为它们是拥有权威性的理论，所以我们不能忽视这些裁判观点。这是因为，正如所说的"通说、判例"的表述一样，裁判观点也可以是反映了通说观点的学说。但是，如果认为自己的假说是正确的，就有必要站在这个立场上对判例进行批判，而批判是学术理论和学者的使命。因此，即使提出的假说与最高法院的裁判观点截然相反，也绝不能认为是一种理想主义。

Q&A 6

问：在中国，许多论文为了表明其所研究之问题的时间价值，常用较多的篇幅来描述法院对几乎相同的案件作出不同判决的现象。也有一些论文以"从数据上看，大多数法院都作出了×××的判决"为论据，来证明其试图提出之假说的合理性。那么您又是如何理解民法研究中实证研究方法与法释义学之间关系的呢？换句话来说，"大多数法院持何种司法观点"与"如何解释法律条文才合理、正当"之间是否存在必然的联系？

答：所谓"实证"，是指通过提出"确凿的证据"来论证自己的假说的一种研究方法。例如，历史事实是如此的、数学上推导出来的结果是这样的、逻辑上这样思考是正确的等。"大多数法院持某种司法观点"绝不是"实证",也绝不是假说的论据。如果法院的裁判观点符合你的假说,你在文章中说"某某法院的裁判亦持相同观点"即可;如果法院的裁判观点不符合你的假说,你只需要就其进行批评即可。因此,"大多数法院持何种司法观点"与"如何解释法律条文才合理、正当"之间并不存在必然性。

Q&A 7

问:您潜心学术研究的内在动力是什么?在学术研究的过程中,遇到"瓶颈"是常有的事,比如最后完成的学术论文难免不被审稿人接受等,您认为应该如何克服的呢?

答:我年轻时也曾迷茫过,但当我在攻读博士学位的过程中发表了两三篇论文时,我便开始有了信心,并逐渐认为,这就是我要走的路。尽管我的论文一开始的时候曾受到过其他学者的强烈批评,但与此同时,我的论文也得到过知名学者的认同,这让我对自己提出的假说充满信心。如果你的假说不被审稿人所接受,那就是审稿人的洞察力和能力不足的问题,所以克服这个问题的方法,就是相信你自己的假说。

Q&A 8

问:学术研究是一项耗时耗力的工作,在中国,博士研究生和年轻的大学讲师都面临着论文考核的压力。您认为应该如何在学术研究和学术研究之外的日常生活之间求得平衡?

答:因为学术研究是研究者的天职,所以我们当然不应该将之荒废。尽管如此,我们对学术研究之外的事物也应该非常感兴趣才是。就我自己而言,我很喜欢运动,经常去滑雪或者打网球。我在年轻的时候,可是运动健将哦!此外,我还喜欢开车兜风。所以,在学术研究之余,也要尽情地享受个人生活呀!

译后记

本书内容共计六编,其中前两编及序言部分,由项佳航翻译,其余部分由吕斌翻译,并由两人共同统稿。本书的翻译筹划,起始于2022年的暑期。彼时吾二人正处于硕士毕业,等待博士入学的间隙。为提升自己的写作能力,也为博士期间的研究生活做好准备,而购买了本书的日文版加以阅读研习。读后,便叹服于近江教授在书中所言的心得技巧,萌生了一同将本书翻译为中文的想法。只不过,当时吾二人既无翻译著作的经验,也无出版书籍的渠道,如何将这一想法付诸实现,可谓一筹莫展。

但似乎是幸运的眷顾,在与北京大学的江溯老师表达这一想法后,便得到了江老师的积极肯定和鼎力相助。江老师不仅帮忙联系了出版社,还详细告知了出版著作所需的各项准备工作,并欣然答应担任本书中文版的审校人。由此,本书的翻译出版计划,才真正得以提上日程。

要取得本书的翻译授权,则又是一大难关。本书的作者近江幸治教授,是日本民法学界的泰斗。且日本的高校出于个人信息保护的需要,并不会公开学校老师的联系方式。因此,如何与近江教授取得联系,以及其是否会答应让两位名不见经传的学生翻译其著作,不免让人困扰。但很快近江教授热心谦和的回复,便打消了这些顾虑。近江教授不仅非常乐意地同意了翻译的相关事宜,并且详细解答了"代读者问"中的诸多疑惑,从而使本书更为贴近国内学术研究的实际状况。

此外,南京大学的解亘教授作为本书文中版的另一位审校人,可以说是本书文中版的第一位读者。解老师从语词用法、语法结构、表达习惯、行文流畅度等方面,对全文做了精心细致的审校,并对多处翻译中遇到的难点,给出了恳切独到的建议。其中的辛劳不言而明。

另外,在本书中文版的出版中,还非常荣幸地邀请到了北京大学的陈兴良教授撰写推荐序言。陈老师著述等身,在刑法学界的地位也已无需赘述。而当我们向其提出作序的请求时,陈老师亦未有任何推辞。在这篇精彩的序言中,陈老师结合自身有关写作的丰富经验所作的分享,想来也定能为从事学术写作的读者们提供有益的参考。

最后,还要由衷地感谢北京大学出版社的杨玉洁、方尔埼、潘菁琪三位编辑,在本书中文版的出版过程中不厌其烦地沟通联络和认真细致地反复审校。正是得益于她们在出版工作中的负责态度和出色能力,才使本书中文版可以顺利地与读者见面。日本的成文堂出版社慷慨地开放版权,亦为本书的中文版得以刊行的必要保证,为此,须感谢阿部成一社长在其中所付出的努力。

学术的苦闷往往不仅在于文思灵感的匮乏和写作技巧的生疏,而更在于一路上的孑然孤独和无力无助。尽管本书是一本传授学术论文写作经验的书籍,但其作用范围也仅及于前者。对于这种苦闷的排解,仅靠已陷泥淖的自身实在难以实现。反观于此,本书的翻译出版则是在前辈的提携和朋辈的帮扶之下完成的,这些提携与帮扶之中所蕴含的情谊却正是化解这种苦闷的无上良药。因此,吾二人亦将此书视为以上诸君所给予的在学术之路上的鼓舞勉励,以及吾二人十余年友谊的见证。

译者一同
甲辰年端月
于北京海淀